中职生
口语交际实训

石 剑 著

吉林出版集团股份有限公司 | 全国百佳图书出版单位

图书在版编目（ＣＩＰ）数据

中职生口语交际实训 / 石剑著. -- 长春 : 吉林出版集团股份有限公司, 2021.2

ISBN 978-7-5581-9830-4

Ⅰ. ①中… Ⅱ. ①石… Ⅲ. ①汉语—口语—职业学校—教材 Ⅳ. ①H193.2

中国版本图书馆CIP数据核字(2021)第034211号

中职生口语交际实训
ZHONGZHISHENG KOUYU JIAOJI SHIXUN

作　　者：石　剑　著
责任编辑：何　武　杨　帆
开　　本：787mm×1092mm　1/16
字　　数：281千字
印　　张：11
版　　次：2022 年 6 月第 1 版
印　　次：2022 年 6 月第 1 次印刷
出　　版：吉林出版集团股份有限公司
发　　行：吉林音像出版社有限责任公司
　　　　　吉林北方卡通漫画有限责任公司
地　　址：长春市南关区福祉大路 5788 号
邮　　编：130062
电　　话：0431-81629660
印　　刷：三河市嵩川印刷有限公司

ISBN　978-7-5581-9830-4　　定价：37.80 元

前　言 PREFACE

　　为落实《国家中长期教育改革和发展规划纲要》精神，深化职业教育教学改革，积极推进课程改革和教材建设，满足职业教育发展的新需求，我们组织行业专家及各校一线教师编写了这本《中职生口语交际》教材。

　　语言是人类最重要的交际工具。专家指出，21世纪是对话的时代。在快节奏的现代化生产和生活中，口语交际的地位显得越来越重要。国外学者曾对以英语为母语的一般成年人在听、说、读、写四个方面的交际活动做过调查，发现"听"的活动占其言语交际活动总和的45%，"说"占30%，"读"占16%，"写"只占9%。"听"与"说"是紧密地联系在一起的。"听""说"活动的总和可占言语活动总量的75%。不容置疑，口语交际在社会生活中所发挥的作用远远超过以往任何一个历史时代。

　　本教材从生活、工作的各个方面阐述了口语交际的方法、特点和适用场合。全书用任务驱动的编写模式，通过一系列的任务，引导学生完成每一个教学目标。书中不仅设计了任务，还给出了实施方案、相关知识和案例，使理论变得通俗易懂，实操变得趣味无穷。其具体内容包括：口语交际概述、思维训练、日常应用口语、演讲与辩论、面试与人际沟通、介绍与解说、推销与洽谈、空间语言。

　　根据本教材的特点，其既可作为中等职业学校学生的教学用书，也可作为广大社交爱好者的文学读物。

　　限于编者经历和水平，教材内容不足之处在所难免，希望各教学单位在积极选用和推广本教材的同时，注重总结经验，及时提出修改意见和建议，以便再版修订时补充完善。

编　者

目　录 CONTENTS

项目一　口语交际概述

任务一
口语交际的特点

案例导入

乔伊·吉拉德是当今美国头号汽车推销员，他创造了在一年之内推销1425辆汽车的吉尼斯纪录。但他在成功的道路上也曾经失败过。

有一天，乔伊向一位知名人士推荐一辆新款车，对方对商品非常中意，可到了签约时，对方突然不想买了，乔伊百思不得其解。这天深夜，他忍不住给那位先生拨了电话，想要知道是什么原因。

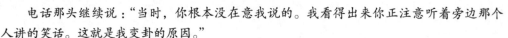

电话那头问乔伊："这么晚了，你现在是在用心听我说话了吗？"

"是的，尊贵的先生，我非常用心。"

"可是，今天下午你没有。就在签字之前，我提到我儿子即将进入大学深造，又提到他将来的远大抱负，我还提到他优秀的体育成绩。我以他为光荣和自豪，但是你却没有任何反应。"可乔伊却记不起对方曾经说过这些。

电话那头继续说："当时，你根本没在意我说的。我看得出来你正注意听着旁边那个人讲的笑话。这就是我变卦的原因。"

任务描述

你能总结出口语交际能力的特点吗？

相关知识

什么是"交际"？《现代汉语词典》解释为："人与人之间的往来接触。""口语交际"即指人与人之间口头语言上的接触交流，也就是交际双方为了一定的目的，运用恰当、准确、规范的口头语言，采用一定的方法进行思想交流的言语活动。而口语交际能力则是人与人之间在交往的过程中表现出来的灵活机智的听说能力和待人处事能力，是融听说能力、交往能力为一体的综合能力。《语文新课程标准》认为，口语交际能力是现代公民应该具有的必备能力。倾听能力、表达能力、应对能力都是口语交际的主要内容。

一、倾听能力

良好的倾听能力是交流双方能否在同一平台上顺利进行语言交际的前提，谦虚宽容、态度诚恳、专心致志地听取别人表述，是最基本的交际道德和要求。倾听能力就是要有听话的能力，对他人所说的话能否听懂话中意、话外音，更重要的是要在倾听中学会尊重别人意见，尽量不存偏见，学会不强迫别人接纳自己的观点，更不能因对方的意见与自己有别而恶意挖苦、讽刺，或随意打断别人说话，甚至与对方产生激烈争辩，那样只会破坏双方感情，导致言语交际失败。

二、表达能力

流畅的表达能力是言语交流过程中阐述自己观点和见解的重要手段。进行"口语交际"的互动，要通过不断训练，反复磨炼，努力克服自身言语上的毛病，鼓起说话的勇气，学会把听众当成自己的朋友，逐渐消除与听话人进行口语交际的心理障碍。从有问必答，用自己熟悉的生活内容与听话人交流开始，锻炼自己敢说、会说、说好，甚至参与辩论，达到说准、多说、自然大方、表述流畅的境地。

三、应对能力

机智的应对能力是交流活动中培养和练就自己思维活跃、反应敏捷的最佳方式。"口语交际"离不开人的思维活动，在个体与个体、个体与群体的言语交流互动中，需要对稍纵即逝的言语内容作出快速反应，明白对方说话意图，捕捉说话人的立场观点，加工分析所听内容的主次，准确把握关键性词语，然后再经过自己的大脑编辑整理，形成自己的观点，表达自己的看法，对来自不同角度的提问作出快速准确的反馈。

任务实施

口语交际能力除了具备听话、说话的能力外，还要有交往能力、待人处事能力等。实际上，口语交际能力是言语表达能力、处事能力、生存能力等多种能力的有机组合，它与听话说话相比有较大的差异，主要表现在：

（1）听话说话常常是单方面的，口语交际则是双向互动的。听说训练多是一人说，众人听，语言信息呈单向传递状态，思想交流、思维碰撞较少。而口语交际则强调信息的往来交互，因此，参与交际的人，不仅要认真倾听，还要适时接话，谈自己的意见和想法，这样，在双向互动中才能实现信息的沟通和交流。

（2）口语交际需要更全面的表达技巧。既然是面对面的接触、交流，就不能像自言自语那样，爱说什么就说什么，爱怎样说就怎样说，而应该考虑语言、情感、举止等综合因素，所以，口语交际不仅需要听说技巧，还需要待人处事、举止谈吐、临场应变、表情达意方面的能力和素养。

任务二
口语交际与社会生活

案例导入

曲啸去某市给犯人讲话，一开始就碰到称呼问题。叫"同志"吧，不合适；叫"罪犯"吧，有伤自尊心。后来他采用了"触犯了国家法律的朋友们"，全体罪犯听后热烈地鼓掌，有些听众感动得流下了眼泪。

任务描述

口语交际的基本要求是什么？

相关知识

汉语是我们的第二母亲，我们每天都要运用汉语进行口语交际。据研究，每人每天平均要用10~11分钟的时间来讲话，平均每句话占2.5秒左右。正常的语速是每分钟230个音节。以前的新闻播音速度，一般为每分钟180个音节左右。现在的新闻播音速度大大加快，一般为每分钟230~250个音节，这是现代生活节奏加快的缘故。正常语速与年龄、性别有关，青年女性的语速往往较快。正常语速也与个人说话的习惯有关，教师讲课，有的每分钟150个音节左右，有的每分钟240个音节左右。正常人讲话，有95%~99%的话语是规范的，只有1%~5%的话语是不规范的。

一、口语交际的基本类型与特点

就人和人的交际来看，口语交际有四种基本类型：一是说话人的内向交流，即内心的"主我"与"客我"的交流；二是人际交流，即个体与个体之间的交流；三是群体交流，即群体内部成员之间及群体与群体之间的交流；四是大众传播，借助广播电视进行的口语交流。

这就反映了口语交际的四个特点：一是人数越来越多；二是信息的个性越来越不明显；三是表达者和接受者在距离和感情上越来越疏远；四是组织系统和传播技术越来越

复杂。

二、口语交际中的称呼

口语交际是一种能力，也是重要的交际手段，更是语言的表达艺术，比如称呼，称呼是否得当直接影响到交际双方的心理能否相容。

称呼可以分为尊称和泛称。"您好""贵姓""尊姓大名""您老""郭老"是尊称；"张厂长""李伯伯""先生""同志""小姐""师傅"是泛称。

称呼还有褒称、贬称和中性称之分。褒称的："老人家""老同志""老先生""老师傅""老大爷"等；贬称的："老家伙""老不死""老东西"等；中性称的："老头""老汉""老头子"等。

随着交际双方身份、关系、场合的变化，称呼也会发生变化。称呼的变化主要受制于下列因素：

权势关系。权势关系是指在年龄、社会地位、社会分工、财富、权力等方面，一方居于优势，如上下级关系、师生关系、长辈和晚辈的关系、主仆关系等。交谈双方处于权势关系时，权势较低的一方常用尊称和褒称称呼对方，权势较高的一方常用泛称和中性称。

一致关系。一致关系是指某一点上双方具有共同性，双方是一种平等关系，如兄妹、同事、同乡、同学等。处于一致关系的交谈双方用泛称或中性称表示亲近，有时用贬称表示亲昵。

亲疏关系。亲疏关系是指交际双方亲疏的程度，是一种容易变化的关系，可以由亲到疏，也可以由疏到亲，相互之间的称呼要根据亲疏程度而定。

角色关系。交谈双方的角色关系会影响称呼的运用。苏叔阳的小说《左邻右舍》，洪人杰对李振民在"文革"前后使用的称呼不同。"文革"初期，厂长兼党委书记的李振民挨批斗，原为车间主任的洪人杰以左派自居，对李振民说："哼，看你教育的接班人，多么讲礼，你还当过书记呢。""这你清楚哇，亲不亲，阶级分，你什么人，他什么人……再一说，你养花可不是为了消遣，你有寄托呀！"1975年李振民恢复了厂长职务，洪人杰又成了下属，他对李振民说："老想找您谈谈，可在家里总也看不见您。""不知您觉出来没有，您一回厂啊……""您心里跟明镜似的。"后来洪人杰通过钻营调到局里，成了李振民所在厂的上级机关的干部，他又以李振民的上级自居讲话："听说当着上级的面，你就跟我们局长干上了，行啊。""我就是把材料全拨给你，你那厂子，那自动线也上不去！你那儿的情绪不对头……你清楚哇，你管了吗？"由于双方角色关系的变化，人称也随着发生变化。

双方的心态。交际双方的心态会影响称呼的使用。20世纪30年代，"左联"党组织称"鲁迅同志"，鲁迅感到是对他的信任和尊敬。他在文章中写道："那些足迹在地上，为了全民族而努力的人们，我得引为同志，是颇感自豪的。"有时为了挖苦、讽刺，可以故意混用"你"和"您"。李云龙《小胡同》中，合线厂的红卫兵大马看破石增福是冒充解放军的鱼店售货员，于是挖苦地说："您是哪个部队的？我怎么闻着您这身上一股咸鱼味儿啊？"苏叔阳《左邻右舍》中的洪人杰，因说话走了火，错被公安人员当做反江青的人物抓了起来，粉碎"四人帮"后被无罪释放。他到处吹嘘"光荣被捕"。当他再次碰到当年抓他的公安人员时就讽刺挖苦地说："哟，您又忙着逮人呐，还认识我吗？江青是个老妖婆？我又骂了，您逮我呀？"这是用"您"这一尊称表示挖苦讽刺。此外，有时还可以用尊称来疏远关系，如果在亲近的人中间一贯用"你"来称呼，突然用了"您"，这意味着关系的疏远。

时代色彩。时代色彩会影响称呼的使用。下列称谓具有一定的时代色彩：令亲（对方的亲戚）、令尊（对方的父亲）、令堂（对方的母亲）、冰翁（对方的岳父）、嫂夫人（对方的妻子）、令郎（对方的儿子）、令媛（对方的女儿）。这些称谓词常见于书卷语体，日常谈话很少使用。现在常用的"师傅""先生""女士""小姐""同志"等也反映了时代色彩。"同志"原指志同道合者，中华人民共和国成立初期比较普及，"文革"中达到顶峰，"文革"中能否称"同志"意味着政治上可靠与否。目前"同志"的使用范围在缩小，使用频率在降低。"师傅"一词原指"工商戏剧等行业传授技艺的人"，"文革"中由于当时"工人阶级领导一切"，就使得"师傅"一词在大力提倡"又红又专"的年代普遍流行，工商戏剧界人士固然称"师傅"，就连知识分子也被称为"师傅"。"先生"一词是学生对老师的尊称，又用作对他人的尊称。在革命战争年代以及中华人民共和国成立至"文革"结束，"先生"在我国多用来称统战对象。目前，"先生""女士""小姐"一类的旧词新用，体现了现代社会的文明和开放。"小姐"这一称呼，随着时代的变化，感情色彩也在变化，解放前"小姐"是尊称，"文革"中"小姐"是贬称，改革开放前期、中期"小姐"是尊称，而近几年来，"小姐"又出现了贬称的倾向。称呼一般按行业而定，学校的教职员工，不论是教师还是行政管理人员均可称为"老师"；医院里不论"医生"和"护士"，凡是穿白大褂的都称"医生"。当然，对本单位熟悉的人在称谓时一般按内部"行当"区别称呼。这是因情境而引起的称呼类化所致。

任务实施

口语交际的基本要求

一、努力学习和掌握相关的知识

仅口才论口才是远远不够的，那些伶牙利齿的"巧舌媳妇"，尽管能说会道，却登不了"大雅之堂"。出色的口头表达能力，其实是由多种内在素质综合决定的，它需要冷静的头脑、敏捷的思维、超人的智慧、渊博的知识及一定的文化修养。因此，一定要努力学习有关理论及知识，如学好演讲学、逻辑学、论辩学、哲学、社会学、心理学等，并且不断积累经验，提高自己的综合素质。

二、努力学习和掌握相应的技能、技巧

如在讲话、讲演时，就要做到：准备充分，写出讲稿，又不照本宣科；以情感人，充满信心和激情；以理服人，条理清楚，观点鲜明，内容充实，论据充分；注意概括，力求用言简意赅的语言传达最大的信息量；协调自然，恰到好处地以手势、动作、目光、表情

帮助说话；表达准确，吐字清楚，音量适中，声调有高有低，节奏分明，抑扬顿挫；恰当地运用设问、比喻、排比等修辞方法及谚语、歇后语、典故等，使语言幽默、生动、有趣；尊重他人，了解听者的需要，尊重听者的人格，设身处地为听者着想，以礼待人，不带教训人的口吻，注意听众反应，及时调整讲话内容。

三、多讲多练

积极参加各种能够提高口头表达能力的活动，如演讲会、辩论会、班会、讨论会、文艺晚会、街头宣传、信息咨询等活动。凡课堂上老师讲的或自己在书本学到的知识都尽可能地用自己的话说出来，这样也有助于提高自己的口头表达能力。锻炼口头表达能力要有刻苦精神，要持之以恒。只要我们勤于学习，大胆实践，善于总结，及时改进，我们的口语交际能力一定能不断提高。

任务拓展

口语交际的训练

一、思维训练

（1）积累知识。丰富的知识能开发智力，启迪思维。最佳口才是用知识的甘露滋润听众的心田，用知识的钥匙开启听众的心扉。要获取知识，全靠平时积累。制作知识卡片是积累知识的有效方法，它可以把大千宇宙的奥妙、微观世界的秘密、古往今来的精华兼收并蓄，拿来为我所用。只要坚持日积月累，便可达到"胸藏万汇，口有千钧"的境界。

（2）深入思考。心理学家认为，口语交际是受复杂的生理和心理活动制约的。口才的发挥，是藏之于内心的无声语言和表之于外的有声语言的转化过程，嘴巴的讲和大脑的想存在着相辅相成、互为作用的依存关系，人们思考的是什么问题，在一般情况下，往往心里怎样想，嘴巴就怎么说。嘴上说的，就是心里想的；心里想的，就是嘴上要说的。口头表达这种区别于书面表达的随想随说的特点，就特别要求思维的敏捷和灵活。

二、记忆训练

要具备好的口才，除了思维敏捷灵活之外，更重要的是必须有充分的准备，而充分准备主要是指对说话内容的熟悉，这就不可避免地涉及记忆。不仅要记忆讲话的素材，记忆讲话的语言，甚至还要记忆你精心设计的讲话结构。只有从内容到形式上都记熟了，才能有条不紊、脉络分明地表达出来。

以演讲为例，要口才好，效果佳，其上策就是记讲稿，脱稿表达。照本宣科必然失去讲话的魅力，而宣读式的演讲，由于注意力集中在稿纸上，常常缺乏表情与动作的配合，不能充分表达出感情色彩和发言者自己的实际感受，因而使讲话失去生动性，成为枯燥、生硬和呆板的叙述；又由于注意力集中在稿纸上，必然缺乏与听众的"目光交流"。要脱稿讲话，使口语表达收到最佳效果，最重要的办法，就是将主讲的内容练得滚瓜烂熟。但是，在日常工作和生活中，有讲稿的讲话毕竟是不多的，无讲稿的讲话，倒是常有的，比如，座谈、讨论、论辩、出席邀请会议等，常常"突然袭击"，要你讲几句话，发表发表高见。面对这种情况，怎么办？将大脑中储存的有关知识，即兴拿来，稍加组织，为己所用。只要平时记住了大量的领袖语录、哲理名言、作家作品、科学术语、成语典故、寓言故事、史地常识、奇闻轶事等素材知识，表达的时候，定会口若悬河，侃侃而谈。

由此看来，无论是有稿讲话，还是无稿发言，无疑都将借助于记忆。通过记忆，可以储存信息，把有准备的讲话材料和无准备的素材知识铭刻在脑子里，没有稿子或抛开稿子上讲坛，说话都能如行云流水，滔滔不绝。

记忆的方法很多，关于介绍记忆的文章、专著也不少。有人还总结了这样的经验："理解是记忆的基础，争论是记忆的益友，背诵是记忆的根本，重复是记忆的良方，趣味是记忆的媒介，联想是记忆的动力，应用是记忆的要诀，精简是记忆的助手，卡片是记忆的仓库。"

三、口才训练

1. 想象训练

想象训练就是用大脑的想象来进行口才表演的过程。比如，你可以想象自己正处在某个场合，正在跟某个人交谈或发表演说，那么，你该说些什么？用什么样的语气？用什么样的神情姿态？还有，对方会说什么样的话？针对对方的话，你该有什么样的反应，等等。所有这些，你都不妨在脑子里好好设计一下，并把它作为一个设计方案存在脑子里，日后，当你遇到相同或类似的场合时，你就可以把自己的"设计方案"拿出来运用。你脑子里的设计方案越多，越是能在各种不同的场合应付自如，尤其在你即将进行一场讲演或作一次交谈之前，进行这种想象训练效果更佳。所谓"临阵磨枪，不快也光"，虽然事情的发展不可能完全合乎自己的想象，但有备而来肯定比完全依赖随机应变好。

2. 模拟训练

模拟训练也可称作模仿法，其实模仿的过程就是一个学习的过程。我们从小就会模仿，小的时候学说话就是对爸爸、妈妈及周围人的模仿。我们练口才也可以利用模仿法，向有这方面专长的人学习，天长日久，我们的口语表达能力一定能得到提高。其方法是：

（1）模仿名人。找来你敬仰的演说家的录像，或把你喜欢的、又适合你模仿的播音员、演员的声音录下来，然后进行模仿。

（2）专题模仿。几个好友在一起，请一个人先讲一段小故事、小幽默，然后大家轮流模仿，看谁模仿得最像。这个方法简单易行，且有娱乐性，只要有三四个人就能进行。所要注意的是，每个人讲的小故事、小幽默，一定要新鲜有趣，大家爱听爱学，而且在讲以前要进行一些准备，尽量讲准确、生动、形象的内容，不要把一些错误的东西带去，否则害人害己。

（3）随时模仿。我们每天都听广播，看电视、电影，那么你就可以随时对播音员、节目主持人、演员等进行模仿，注意他们的声音、语调、神态、动作，边听边模仿，边看边模仿，日积月累，你的口语能力就能得到提高，而且会增加你的词汇，增长你的文学知识。

在模拟训练时，一言一笑，一举一动，都要像面对真的听众一样，力求完美。有不完善的地方，就进行调整，并反复练习，直到能让自己满意为止。只有这样，在真正面对听众时，才不会出现难以补救的错误。这是一种极能锻炼口语交际才干的好方法。

3. 自我暗示训练

这是一种具有理想性的、目标性的锻炼模式。每天清晨默念 10 遍："我一定要最大胆地发言，我一定要最大声地说话，我一定要最流畅地演讲。我一定行！""我要做一个演说家！""我要克服生理上的障碍，练，练，练……"这种积极的自我暗示能调动人的巨大潜能，使人变得自信、乐观。只要坚持对自己进行长期的积极暗示，那么积极的观念就会进入我们的潜意识，必将为自己增添战胜困难的勇气和信心，即使演讲失败，遭人嘲笑，也不气馁，而会更加坚定地向目标进击。

4. 复述训练

简单地说，这种训练就是重复叙述别人的话，目的在于锻炼人的记忆力、反应力和语言的连贯性。其方法是：选一段长短合适、有一定情节的文章，然后请朗诵较好的同学进行朗读，最好能用录音机把它录下来，听一遍复述一遍，反复多次地进行，直到能完全把这个作品复述出来。如果能面对众人复述就更好了，它既可以锻炼语言的连贯性，还可以锻炼你的胆量，克服紧张心理。开始练习时，最好选择句子较短、内容活泼的材料进行，这样便于你把握、记忆、复述。随着训练的深入，你可以逐渐选一些句子长、情节少的材料进行练习。这样由易到难，循序渐进，效果会更好。这种练习一定要有耐心与毅力。

5. 群体训练

群体训练是在多人聚会的场合进行的，这种场合的交谈对那些口才不怎么好的人是很有好处的：其一，可以在倾听别人的谈话时进行学习和模仿，将别人好的东西变为自己的珍藏；其二，在自己发言之前，有充分的时间进行构思，想好了再说，可以避免面对单独一个人时冷场的尴尬；其三，讲得不好时，别人的谈话能遮掩自己的过失，也就是说，其他人的注意力很快会被另一个人的谈话所吸引，而不会集中在你的过失上，你的"蠢话"也不会给自己带来过多的心理负担。总之，多参加群体活动对自己是很有好处的，不但能锻炼口语交际能力，还能增长人际沟通的才干，何乐而不为？

6. 个体训练

个体训练，就是单独一个人练习，特别对那些害怕在众人面前练习讲演的初学者，这是一种值得采用的好模式。它是一种避免怕出丑、怕出洋相、怕难为情的好方法。它不受时间和空间的限制，一分钟、一秒钟、一句话、一个动作，都可以在自己认为适当的场合随时随地训练，既可以在野外练，也可以在家里练。当练习到一定程度后，自己认为有点像样时，再转到公众中去锻炼，直到可以"放飞"。

7. 辅具训练

辅具训练是借助于技术性的器具进行锻炼的一种模式。如对着镜子或使用录像机纠正各种不正确的姿态：眼睛应如何扫视、直视、点视，如何逼视、怒视；如何转身，两手如何安放，挥舞手臂时的角度、力度和速度如何恰到好处；站立讲演时身体的站法、角度怎样才适当；口型及脸部表情怎样自然，喜怒哀乐的感情运用，形象是否逼真；等等。

训练语音、声调，可借助于录音机，将自己的朗读、演讲录下来，再播放出来自己听听，口齿是否清楚，咬字是否准确，音质是否好，声调是否动听，高低快慢、抑扬顿挫运用是否恰如其分，与演说的感情要求是否合拍，等等。用辅具进行锻炼，是讲演家们常用的手段。如古希腊著名演说家德穆斯芬借助于大自然中的有声条件进行发声训练，借助于镜子纠正口型；我国的孙中山、萧楚女等对镜训练；美国前总统里根借助于录像机、录音机进行态势和语音训练。

以上七种训练方法和训练形式，每个人都可以根据自身的具体情况，有选择地使用，或将其中的几种综合起来运用。相信每位立志成为口语交际高手的朋友，经过刻苦不懈的努力，一定能够将自己的水平提升到新的高度。

任务三
口语交际心理障碍的分析

案例导入

小米的学习成绩并不算顶尖，面试咨询公司时，考官便提出了这样的问题："你的成绩好像不太出众哦，你怎么证明自己的学习能力呢？"小米不慌不忙答道："我认为不是只有成绩才能反映人的学习能力的，我在校期间学习成绩之所以不很优秀，是因为我担任社团负责人，投入到社团活动上的精力太多。虽然我的成绩好像不太出众，但其实我的专业课都相当不错，如果你有疑问，可以当场测试我的专业知识。"小米巧妙地绕开了令人尴尬的问题，将考官的注意力引导到他引以为傲的社团活动和最拿手的专业知识上。

任务描述

小米十分自信，所以可以扬长避短，那么，如何才能克服心理障碍呢？

相关知识

在日常的口语交际中，我们常常会看到这种现象，在口语交际的过程中会出现迟疑、胆怯、自卑、恐惧等状况，哪怕是事先已准备好的讲稿，也仍难免出现停顿、重复等情况。这一现象说明，每个人心理素质的优劣，将直接影响口语交际的效果。那么，在口语交际中，人们会受到哪些心理障碍的影响呢？

一、害羞、畏惧心理

有些人羞于在别人面前说话，觉得和别人说话很别扭，怕招致别人的笑话；有些人怕说话，怕词不达意，和陌生人讲话，不敢正视对方，声音很低，未语脸先红。当然这些与个人性格不无关系，开朗外向性格的人口语能力相对较高，因为他们在更多的与人交流的过程中，消除了畏惧心理，也获得了更多口语锻炼的机会。从心理学角度看，畏惧心理是很正常的生理现象，经过有意的训练，这种畏惧心理是可以克服的。调查表明，90% 的人都害怕在大庭广众之下说话、发表自己的见解，讲话时经常出现心跳加速、呼吸急促等现象。如不及时疏导，会产生做恶梦等睡眠障碍。

二、自卑心理

自卑心理就是自己看不起自己，感到自己处处不如别人的一种心理状态。实际上有自卑心理的人并不是真的事事、处处、时时都不如人，而是自己主观盲目产生的一种与实际情况不相符合的感觉。产生这种心理的原因有如下几点：

首先是自身性格特点的原因。性格内向的人由于表现不活泼、不爱动，对外界刺激反应不强烈、反应速度慢、情绪兴奋低。这种气质类型的人如果生活在压抑的环境中，往往容易产生自卑心理。

其次是从小受生活环境的影响。或家居独院，与外界很少往来；或父母因工作原因将其锁在家里，不许外出玩耍。由于自小失去了与其他孩子交往的机会，长久以往，就会离群独处，不愿与他人接触，即使有时想与他人接触，但又害怕别人不理睬自己。因他们不善与人交往，缺乏交往的自信，久而久之便形成自卑心理。另外如果家人不懂得有益的教育方法，孩子做错一点事，不问青红皂白，责备一通，就会致使孩子诚惶诚恐，畏人如虎，孩子的自尊心和自信心大受打击，也容易产生自卑心理。

三、焦虑心理

这一类型的人焦躁不安，不能静下心来学习或做事。有的容易被情绪左右，情绪差时，不愿说话；平时与人谈天说地，但一到正式场合便焦躁不安，不知所措。具有这种心理的人主要表现为：为一点小事都会过度着急、坐立不安，有时还会有心慌、头痛、气促、出汗、呕吐等症状。

四、自闭心理

此类心理表现为从不轻易向人表露自己的内心世界，独来独往，不愿意向亲人、朋友说出心里话，即使努力改善其情境，仍然情绪低落、闷闷不乐，对周围的人和事物不感兴趣，行为孤僻，沉默寡言，人际关系一般较差。自闭心理表现为对外界评价过于敏感，回避失败的意识较强，封闭内心世界，压抑情绪体验，孤独感强，行为表现为胆怯、退缩。

五、依赖心理

有些人会有这样的想法：我听着好了，让别人讲吧。产生这样想法的人主要是因为缺乏信心，总认为个人难以独立，时常祈求他人的帮助，处事优柔寡断，遇事希望父母或师长、朋友为自己作决定；没有亲人和朋友在身边，就像断线的风筝，没有着落，茫然不知所措。具有依赖性格的人，如果得不到及时纠正，发展下去有可能形成依赖型人格障碍，时时处处被动、依赖、消极、等待，很难以一个独立的人立足于社会；需要独立时，对正常的生活、工作都感到很吃力，内心缺乏安全感，时常感到恐惧、焦虑、担心，时间一长或稍遇挫折，易出现焦虑症、恐怖症等情绪障碍或身心疾患。

任务实施

那么通过什么途径才能克服这些心理障碍呢？一般说来，越怕当众说话越要锻炼当众说话，只有在反复的锻炼中才能克服紧张，达到良好的心理状态，永远开不了口就永远怕开口，只有多讲多练才能从"不敢讲"到"不怕讲"。

首先，要培养良好的性格，良好的性格可以唤起口语交际的情感。一般来说，性格特征可分为外向型和内向型。外向型性格的人，开朗活泼，感情外露，善于与人交流，且交流时无拘无束，敢于把自己对问题的认识和见解表达出来。而内向型性格的人沉郁孤僻，处事拘谨，不善于交际，对人冷漠，不愿合作交流，这就阻碍了交际能力的形成。要针对自己的个性，主动找话说，逐渐养成想说、敢说、爱说的习惯。

再次，增强口语交际的自信心。自信是人的意志和力量的体现，是交际能力最重要的素质之一，自信力是说话者重要的心理支柱，自信力强，就有说话的勇气，能坚定意志，保持热情，鼓励自己大胆地开展说话活动。由于自信力强，说话时很少心理负担，精力和情绪处于旺盛状态，思维灵活，智力呈现开放状态，说话潜力可以得到充分发挥，有利于内部语言转化为外部语言，促使说话者言语顺畅、清晰、生动而有条理。

【思考与练习】

1. 在口语交际中，称呼受到哪些因素的制约？

2. 开展一次自我介绍。介绍自己，介绍自己的性格、爱好，自己喜欢的人或事，介绍家庭情况，家乡风光，家乡特产。

3. 口述见闻。从自己身边所发生的事情或电视、广播、电影、报刊和广告中的信息选取一件，抓住中心，按一定顺序讲给大家听。

4. 接待客人。介绍自己如何迎客、待客、送客。

迎客：问清楚找谁，请进问好；待客：让坐、端茶，回答问话；送客：送客出门，话别。要求在说话时，态度和蔼，热情大方，语言亲切，运用礼貌用语。

5. 交易商谈。学生准备"商品"，教室作小商品市场，要求"顾客"要讲清所买的商品名称、数量等，"售货员"要热情地——介绍商品的价格、性能特点和各种用途以及附加的优惠条件。

6. 合作交流。要培养学生的口语交际能力，必须创造条件使学生由单向个体转为不同的双向组合，并在双向互动中进行动态的口语交际训练，使学生在不断的言语信息传递中增强语言表达能力，提高思维的敏捷性、条理性、深刻性和独创性。教师可设计一些具有一定难度的问题让学生通过小组讨论交流得出答案，交流中人人有发表意见的机会，达到口语交际的目的。

项目二　思维训练

任务一
了解思维

很多记者都想去采访某位名人，但是最后有一个记者成功了。他是这样做的：他写了一张小纸条塞进了那位名人休息室的门缝，上面写了一些对那位名人的评价和看法，并且还给出了个人的一些建议。果然，那位名人看了以后就很在意，于是接受了这位记者的采访。

任务描述

思维与口才的关系如何？

相关知识

语言的魅力体现在不仅要能清楚地表达自己的意思，还要能打动他人，具有说服性。语言的锤炼，首先必须提升思维能力：加强发散思维训练，可使你思维敏捷，妙语连珠；加强逻辑思维训练，可使你滴水不漏，无懈可击；加强形象思维训练，可使你幽默生动，口吐莲花。

一、思维的广度

思维的广度是指要善于全面地看问题。即围绕问题多角度、多途径、多层次、跨学科地进行全方位研究，也称作"立体思维"。

思维的广度在口才中表现为思路开阔，联想丰富。既能综观问题的整体，又能兼顾问题的细节；既能抓住问题的本身，又能兼顾相关的其他问题。

一对新婚夫妇到某星级宾馆订新婚套房，他们指明要定号码9的房间，但是当时带9的都被订了。他们准备离开的时候，值班经理来了，他向那对夫妇推荐了18号房间，并说道："2乘以9不就是18么？这就是长长'99'啊。此外，3乘以6也是18，'66'大顺啊。还有，18也是'要发'的谐音，又久又顺又发，这可是最好的房间号啊。"最后那个经理成功地留住了客人。

二、思维的深度

思维的深度是指考虑问题时，能由远到近、由表及里、层层递进、步步深入地思考，要深入到客观事物的内部，抓住问题的关键、核心（即事物的本质）来进行。

思维的深度在口才中表现为深入浅出。

案例

一生中能有这样两个发现，该是很够了。即使只能作出一个这样的发现，也已经是幸福的了。但是马克思在他所研究的每一个领域，甚至在数学领域都有独到的发现，这样的领域是很多的，而且其中任何一个领域他都不是肤浅地研究的。（选自恩格斯《在马克思墓前的讲话》）

三、思维的精度

思维的精度是指思维的精确程度，主要由思维的确定性和严密性两部分构成。

案例

"万能"溶液

一个年轻人想到大发明家爱迪生的实验室里去工作。为了博得爱迪生的好感，这位年轻人信口开河地说："我一定要发明一种万能溶液，它可以溶解一切物品。"爱迪生听后，微微一笑，说："好吧，请你回去后先制造一个能盛置这种溶液的器皿，你造好了，你就可以到我的实验室里工作。"听了这番话，年轻人顿时满脸通红，他知道自己决不可能制造一个能盛置可以溶解一切物品的"万能溶液"的器皿的。于是他马上向爱迪生承认了错误。爱迪生告诫他，科学研究是一项十分严肃的工作，一定要脚踏实地地苦干。

四、思维的速度

思维的速度是指思维活动的反应速度和熟练程度，表现为思考问题时的快速灵活，善于迅速和准确地做出决定，解决问题。

演练

灯如果不亮了，你认为可能是哪些原因造成的。

_____

_____

任务实施

思维与口才的关系

思维是口才的基础，口才是思维的表达，能说会道的人一般都头脑聪慧、思维敏捷。

口才与思维的训练是相互促进的。要使自己更聪明，应多多训练自己的口头表达能力；而要想有好的口才，也应该加强训练自己的思维能力。改善口才先要改变思维模式。

任务二
思维的障碍

案例导入

美国《纽约时报》的记者泰勒一次曾奉命采访著名演员的演出，谁知到了会场，才知演出已取消了。这天半夜，编辑怒气冲冲地打电话告诉他：其他各报的头版头条就是那位演员自杀的消息！编辑教训他说："像这样一位名演员的演出被取消，本身就是新闻。记住：以后你的鼻子，不要再感冒堵塞了！"

任务描述

克服思维障碍的策略

相关知识

一、思维僵化引发的思维障碍

思维僵化是指联想匮乏，思考问题的角度单一，解决问题的方法简单死板，概念与词汇贫乏。

二、思维定势引起的思维障碍

思维定势也叫做惯性思维，是指按照积累的思维活动经验教训和已有的思维规律，在反复使用中所形成的比较稳定的、定型了的思维。它在解决问题时能起到一定的积极作用，但也常常阻碍思维的发散。

案例

有这样一道测试题：一位公安局长在路边同一位老人谈话，这时跑过来一位小孩，急促地对公安局长说："你爸爸和我爸爸吵起来了！"老人问："这孩子是你什么人？"公安局长说："是我儿子。"请回答：这两个吵架的人和公安局长是什么关系？

在100名被试者中只有两人答对！而且这两个人都是孩子。大人没答对，孩子却很快答了出来："局长是个女的，吵架的一个是局长的丈夫，即孩子的爸爸；另一个是局长的爸爸，即孩子的外公。"

三、知识面狭窄引起的思维障碍

知识的储备量、信息的拥有量与思维的活跃度息息相关。一个人如果兴趣广泛，喜欢接触不同的事物，知识面丰富，必然能眼界开阔，心态积极，思路也容易打开，思维自然会变得活跃起来。

案例

因为工作的原因，作为主管的张涛平时要和本单位的许多通讯员打交道。这些通讯员当中，写稿子有写得很死板的，也有写得很灵活的。其中有一个通讯员洪晓，张涛刚开始看他的稿子，就觉得很有新意，后来与他交上朋友后，发现他关注的东西非常多，兴趣广泛，各种雅俗共赏的新闻事件、生活百科，甚至连国外的网站消息也会经常看。而这开阔了他的眼界。通过调动这些因素，开阔了思路，加上文笔修饰，自然能写出一篇篇好文章。

四、紧张恐惧心理引起的思维障碍

胆怯怕生、紧张恐惧、无法平复心情等不良心理表现，都会使思维受阻，思路不清，语言组织不畅。这样一些不良心理的出现，皆因自卑，或准备不充分，或不常在众人面前说话，或对公开讲话有障碍，或思路闭塞等。

案例

上学的时候，你要在同学面前做三分钟的演讲，本来准备很充分，站在讲台上却呆若木鸡，脑子里一片空白。同学们哄堂大笑，一点情面都不留，让你想找个地洞钻进去。

办公室开会的时候，你有许多话要说，但是当你站起来的时候，却结结巴巴，语不成调，声音还发抖，同事们都看见了，虽然他们没有说什么，但心里却认为你特别没出息。

五、注意力不能集中引起的思维障碍

注意力不集中表现为：不能专心听讲，易受环境干扰而分心。频繁地改变关注对象，思维难以集中，对他人的言语或指令心不在焉，表情呆滞，无法思考，语汇贫乏。

案例

一位网友倾诉：这两年来，我的思维开始变得混乱，当我意识到事情变得严重时已经迟了，就算提醒自己要集中注意力，脑子也总是会不受控制地去想一些并不重要、甚至是无聊至极的事，最糟糕的是脑袋好像被分成了两半，正事和杂事一块想，结果自然可想而知了。

任务实施

克服思维障碍的策略

一、发散思维训练

发散思维是指思维轨迹的多向发展，即能主动灵活地转换思考问题的方式，从多个角度对话题展开立体分析。

1. 发散思维的特性

（1）多端性：发散思维"量"的指标。它是指思维的进程流畅没有阻碍，在短时间内迅速做出众多反应的能力，即联想能力。此种方法可以迅速摆脱思维僵化带来的思路狭窄。

演练

请快速准确地说出下列事物。

A．列举出 10 种以上有腿不会走的东西。

B．说出中国才有的 10 种乐器。

C．说出 10 本世界名著。

D．说出 10 个国家的名称。

E．说出 10 种水果的名称。

（2）变通性（灵活性）：发散思维"质"的指标，指的是发散思维的思路能迅速地转换，能变化多端，可举一反三、触类旁通，从而提出不同凡响的新构想和解决方案。

（3）独创性：发散思维的本质，是指超越固定的、习惯的认知方式以前所未有的视角和观点去认识事物，提出超乎寻常的新观念。

案例

英国著名作家毛姆未成名前，生活甚苦。为求文章有价，有次他写完书后，便在报纸上刊登了一则征婚启事：本人年轻英俊，家有百万资产，希望获得和毛姆小说中主人公一样的爱情。结果毛姆的这一举动使他的小说在短时间内被抢购一空。

2. 思维导图训练

（1）思维导图

思维导图是指通过带顺序标号的树状的结构来呈现一个思维过程，将放射性思考具体化，将联想图示化的过程。它是发散思维的表达，就是借助可视化手段促进灵感的产生和创造性思维的形成，帮助人们快速构思。

（2）思维导图的绘制

①准备工作：

a．没有画上线条的空白纸张；

b．彩色水笔和铅笔；

c．你的思维。

②绘制步骤：

a．让纸张横放在桌前，从纸的中心开始绘制（以圆表示，圆内写上关键词），向四周辐射的图样（以线条表示）；

b．在每条线上写一个关键词；

c．用一幅图像或图画表达你的思维过程；

d．在绘制过程中使用多种颜色；

e．将中心图像和主要分支连接起来，然后把主要分支和二级分支连接起来，再把三级分支和二级分支连接起来，依此类推；

f．自始至终使用图形（图形要有层次感）。

演练

请以"水果"为关键词绘制思维导图。并以此为思路，围绕"水果"话题说一段话。最后谈谈思维导图带给你的体会。

二、逆向思维训练

逆向思维是指人们为达到一定目标，克服思维定势，从相反的角度来思考问题，从而构建新的思想和新的观点。

演练

对下列成语、俗语作逆向思维的立意。

①班门弄斧：

_____

②良药苦口：

_____

③墙倒众人推：

_____

④开卷有益：

_____

⑤艺高人胆大：

_____

三、思维能力提升训练

思维能力是指人们在工作、学习和生活中每逢遇到问题，就会在大脑中对感性材料进行分析、综合、比较、概括等一系列加工，并转化为理性认识，帮助解决相关问题的能力。这一过程有赖于一个人的知识储备、心理素质与注意力等，因此，训练思维能力可从以下几方面入手。

（1）丰富词汇量，平时多翻翻字典、成语词典。注意积累知识，多阅读书报杂志，学会做笔记并经常复述，将知识储备起来。勤写日记，提高作文能力。

（2）主动出击，增强信心，多找机会上台表现。

（3）通过专门训练，集中注意力。

演练

用一分钟仔细阅读下面一段文字，然后回答文后的问题（注意：阅读前和阅读的过程中，不要看文后的题目。回答问题时，不要再看上面的文字）。

2月4日上午9：00，在一个十字路口附近，一辆载有4个写字台、3对沙发和42张课桌的蓝色汽车和一辆载有35箱啤酒、42箱汽水的灰色汽车撞在了一起。部分课桌散落了一地，另一辆车上的啤酒、汽水分别有15箱和20箱受损，混在一起的啤酒和汽水流满了路面。还有蓝色汽车的驾驶员受了点轻伤。

1. 两辆汽车分别是什么颜色？
2. 车祸的出事地点在哪里？
3. 车祸发生在什么时间？
4. 车上有多少瓶啤酒和汽水受损？
5. 车上的写字台多，还是成对的沙发多？
6. 车上的课桌多还是汽水的箱数多？

_____

_____

_____

任务二
逻辑思维

案例导入

唐朝贞观年间，诗赋取士制度盛行。有位考生弄虚作假被查获。唐太宗大怒，令大理少卿戴胄判他死刑。但戴胄却依照法律规定，只判了他充军边疆。太宗知道后责备戴胄说："我令你判处他死刑，你却只判流刑，这是什么原因呢？你是不是得了什么好处？"戴胄答道："陛下执意要杀他，这就不是我职守中的事了。既然把这案件交给我办，微臣就只能依法办事。"唐太宗反驳道："你守法，却令我失信于天下，这好吗？"戴胄从容答道："法律一经公布，就须人人遵守。对违法者也必须

严格地按法律予以惩处，只有这样才能布大信于天下。陛下要处死他的话，是在盛怒时说的。当时如果陛下立即将他处死，也就罢了。而陛下却把他交给臣依法办事，这是忍一时之怒而存大信也。陛下如仍意气用事，定要将他处死，而置法律于不顾，岂不又背大信，令人可惜吗？"太宗听后，欣然同意了戴胄的做法。

任务描述

一个人如果逻辑思维清晰，便能通过语言将自己的想法或意见简明清晰地传达给他人。那么，逻辑思维的方法有哪些呢？

相关知识

在日常生活中，每当面对问题时，人们常需要依据具体情况通过分析、综合，把已经认识到的事物之间的联系进行分解，并把原来还没有认识到的事物之间的联系重新构建。这便是逻辑思维能力。逻辑思维强的人在面对问题时，能快速理出头绪找到解决的办法，也更善于将事情的来龙去脉表达清楚，因为语言是建立在逻辑基础之上的。

一、逻辑思维概述

1. 逻辑思维的含义

逻辑思维是思维的一种高级形式。其特点是以抽象的概念、判断和推理作为思维的基本形式，以分析、综合、比较、抽象、概括和具体化作为思维的基本过程从而揭露事物的本质特征和规律性的联系。

2. 逻辑思维的重要性

逻辑思维能力能够指导人们有效思考，有条理地讲话。帮助人们运用概念进行判断和推理，使人们遵循逻辑规律进行思维活动。

思考

请以戴胄与唐太宗论辩的故事为例，说说戴胄是运用什么概念进行思考的？对这个概念他是如何定义并做了哪些判断和推理的？

二、逻辑思维的特征

1. 概念的内涵与外延

逻辑思维中概念的内涵是反映对象的本质属性。

案例

满口之乎者也而又穷困潦倒的老书生孔乙己，明明偷了人家的东西，但是却死要面子，不愿承认是"偷"。当别人说他偷了人家的东西时，孔乙己睁大眼睛说："你怎么这样凭空污人清白……"有人揭他老底,说亲眼看到他偷了何家的书,被吊着打。孔乙己便涨红了脸,额上的青筋条条绽出,争辩道;"窃书不能算偷……窃书! ……读书人的事,能算偷么?"他的回答引得众人哄笑起来。

为什么众人会哄笑?

___

逻辑思维中概念的外延是指具有概念所反映的本质属性的范围。

思考

"鲁迅的著作不是一天能读完的,《孔乙己》是鲁迅的著作,所以《孔乙己》不是一天能读完的。"这句话中有几个判断?由这两个判断推出的结论显然是错的,那么问题出在哪里?

___

对于概念,我们在运用过程中需要注意的有以下几点。

(1)明确概念是交谈中尤其是论辩中的关键点。

(2)人们习惯于用概念来组织思考。"概念不清"基本上就是一个人逻辑混乱、观点不明确的根本原因。

(3)在同一个思维过程中,概念必须前后一致(即概念的内涵与外延都一致)。否则就会犯偷换概念或混淆概念的逻辑错误。

2. 判断

人们在表达思想感情时,常常要对某种事物或思想观点作出肯定或否定的判断,这种对思维对象有所判断的思维形式就是判断。

思考

"我非常爱你,甚至愿为你赴汤蹈火。要是星期六不下雨的话,我一定来。"这句话中有几个判断?每个判断是正确的吗?作为一段话却不合理,问题出在哪里?

___

对于判断,我们在运用过程中需要注意的是:在同一个思维过程中,不能同时用两个互相矛盾或互相对立的概念指称同一个对象。

3. 推理

由已知判断推出新判断的思维形式。

演练

有三个外形完全相同的盒子,每个盒子都放有两只球,其中一个里放的全是白球,另一个里都是黑球,最后一个里有一只白球一只黑球,盒子外有标签,标明"白白""黑黑""黑白",但由于一时疏忽,三个盒子的标签都贴错了。

从哪个盒子中任意摸出一只球,就能辨明每个盒子中装的各是什么球?说出你的推理过程。

_____

_____

任务实施

逻辑思维的方法

人们在实践活动中摸索出来的一套与自然法则相吻合的思维规则，如：从总到分或从分到总、由一般到个别或由个别到一般、由具体到抽象或由抽象到具体等。以下总结了几种常用的逻辑思维方法。

一、演绎和归纳

1. 演绎

演绎是指根据已知的一般原理推断个别事物，得出新结论和新观点的推理方法。其特点是由一般到特殊。其典型的推理过程是三段论。

演练

下面提供给你一个大前提，请续写一个小前提和结论：

凡事业上取得成功的，都是经过一番勤奋努力赢得的。

_____

_____

2. 归纳

归纳是指由一系列具体事实概括出一般原理的推理方法。其特点是由特殊到一般。

演练

从下面的三个事实中概括出观点。

①贝多芬弹钢琴的时间长了，手指发热，就在凉水里浸泡。

②作家杰克·伦敦在屋子里的窗帘、衣架、橱柜、镜子上挂满写有词语、资料的长纸条，以便随时看到、记忆。

③居里夫人在巴黎大学时，晚上在图书馆用功，经常熬夜到凌晨两点多，有时竟饿得晕倒了。

三人的共同点是什么？可概括出什么结论？

_____

_____

二、类比与预设

1. 类比

类比是指用同类的事物进行比较，从而得出有关结论的方法。

案例

画家画花，独画一枝，总要留点天地，让欣赏者自己去遐想；演员演戏，三五步走天下，七八人百万雄兵，并不要把什么都摆上台；诗人作诗，讲究含蓄，言有尽而意无穷；

音乐家演奏抑扬顿挫，有时"无声胜有声"。一堂好课，兼采画画、演戏、作诗、奏乐的诀窍，言简意赅，给学生留点思考的余地；不要越俎代庖，给学生一点动手的机会；引而不发，激励学生首创精神；再加上生动形象的示意，引起学生浓厚兴趣。这样教学就成了一门艺术。

2. 预设

预设指的是在交谈中，交谈双方语义中所暗含的，为双方共同认可的"无争议信息"。

例如，A 对 B 说："请停车。"这句话传递的信息是 A 请求 B 把车停一停，而这句话的共知信息是：有一辆车，车正在开，是 B 在开车，车是可以停的等，这些都是这句话的预设。

案例

罗斯福在当总统以前曾经在海军担任要职，一天他的一位朋友向他打听海军要在加勒比海的一个小岛上建立潜艇基地的计划，罗斯福故意压低声音问道："你能保密吗？"朋友郑重地回答："能！""那么，我也能。"罗斯福笑着说。

预设法是指有意利用话语中的预设信息来诱导对方作出符合说话人意愿的行为反应的语言技巧。预设法有以下的妙用：

（1）诱导：在说话的时候不动声色地加入对方并没有明确认可的预设信息，就有可能使对方在思维定势的作用下，不由自主地认可这些预设信息。

思考

有经验的推销员与顾客约定会面时，从来不会说："我可以在今天下午来拜访您吗？"而是说："您看我是今天下午2点钟来还是3点钟来拜访您？"想想看这是为什么？

（2）委婉：预设法可以用来向对方委婉地揭示某种情况或表示某种要求。

演练

对一个借了你的书却忘记还的人，请你用预设法委婉地提醒对方。

正确运用预设法的逻辑要求有：

（1）预设信息应该是对对方无害的，并且是对方可能会认可的，否则这就不是一种有利于公关沟通的积极手法，而是一种用心不良的预谋。

（2）当对方话语中包含不真实或自己不认可的预设时，应根据预设的理论去进行有效的指正或者反驳。

三、反证与归谬

1. 反证法

反证法是指不对论证的论点做直接论证，而是从与这一论点相反的论点进行论证。如果"反论点"是正确的，那么"原论点"就是错误的；如果"反论点"是错误的，那么"原论点"就是正确的。

案例

"国民党现在实行他们的堡垒政策，大筑乌龟壳，以为这是他们的铜墙铁壁。同志们，这果然是铜墙铁壁吗？一点也不是！你们看，几千年来，那些封建皇帝的城池宫殿还不坚固吗？群众一起来，一个个都倒了。俄国皇帝是世界上最凶恶的一个统治者，当无产阶级和农民的革命起来的时候，那个皇帝还有没有？没有了。铜墙铁壁呢？倒掉了。同志们，真正的铜墙铁壁是什么？是群众，是千百万真心实意地拥护革命的群众。"

2. 归谬法

归谬法是一种间接反驳别人的方法。反驳对方之前，先假定对方的观点正确，然后再顺着对方的思路，推理出一个连对方也没法相信的荒谬结果，从而达到反驳的效果。

演练

春秋时期，晋文公有一次要吃烤肉时，发现端上桌的烤肉上缠绕着头发，这是对文公的大不敬。文公大怒，于是唤来厨子质问。如果厨子承认是他干的，就有可能被处死。

当厨子了解到被唤来的原因后，看到文公怒容满面的样子，他并没害怕，而是运用反证法证明了自己的清白。

请试着把厨师的说理过程列出来。

_____

_____

任务拓展

逻辑思维方法的运用

一、言之有序

"序"即顺序、条理。说话要有条理，按照一定的逻辑顺序把事情、道理说清楚，才能体现一个人的思路清晰。

案例

①文学教育是一种精神教育、思想教育、美学教育。②在义务教育阶段，应当进行文学教育。③并不要求人人成为文学作家，但是应当要求所有受过教育的人都能理解文学，欣赏文学，具有文学的鉴别能力，接受优秀文学作品在道德情操方面以及敏锐深入的观察社会生活方面的感染、熏陶和启迪，从而具备必要的文学素养。④学文学有助于发展联想能力、想象能力、创造性的思维能力。⑤从这个意义上说，文学教育对于儿童和青少年的智力发展所起的作用是十分大的，甚至可以关系到他们的未来。⑥似乎不止一位思想家和教育家说过这样的话："很难说莎士比亚和牛顿谁需要的想象力更多一点。"⑦这就是说，文学和科学绝不是没有关系的：莎士比亚塑造人物形象固然需要想象力，_____。⑧总而言之，从教育的角度考虑，文学教育的作用和意义非常重大。

为了使思维有条理、易理解，在表达中可以插入一些常用的语言连接词。比如：关联词"因为……所以""于是""之所以……是因为……""首先……其次……再次……""第一……第二……第三……"等。还可以按时间的先后和位置的移动进行表达，比如："最早……后来……再后来……"等。也可以采取先总后分、先分后总等内容结构。

二、言之有理

观点明确，有条理地列举理由，清晰表述你的判断和推理。

演练

有一个外地人路过一个小镇，此时天色已晚，于是他便去投宿。当他来到一个十字路口不知道该怎么走时，看到了三个小木牌分别立在三条路的路口。第一个木牌上写着：这条路上有旅馆。第二个木牌上写着：这条路上没有旅馆。第三个木牌上写着：那两个木牌有一个写的是事实，另一个是假的。相信我，我的话不会有错。

如果你是这个投宿的人，以第三个木牌为依据，你觉得会找到旅馆吗？如果可以，在哪条路上呢？

_____

案例

一片树叶，飘在空中与一只鸟儿并排着。"瞧，我能像你一样飞啦！"树叶十分得意地对鸟儿说着。一会儿，风停了，鸟仍在飞着，而树叶却一头跌入了下面的河里。

三、言之有度

这里的"度"，指的是广度和深度，即从纵向和横向进行深入思考。

案例

近几年来，数字"8"的身价倍增，电话号码、门牌号码、牌照号码等等，一沾上"8"就备受青睐。

这是历史进步的标志之一。中国人不仅不再认为"越穷越革命"，而是在物质日渐富足、生活日渐改善之中，终于可以堂堂正正地喊出"想发财"的心，无疑表现了历史的进步。

但另一方面，某些人对"8"的狂热迷恋，反映出其精神的空虚。拍卖"幸福号码"的场面之热烈、成交金额之巨，虽然已成为过去，但这些人思想深处的问题并没有从根本上得到解决。"竞买幸福号码"是以富翁们的攀比、炫耀为前提的，在这些"先富起来"的"大腕"身上，"发财后怎么办"的精神文明问题暴露已久，至今仍未得到解决。

"8"之所以如此受欢迎，原因多种多样，商界的瞬息万变，财运的难以把握使有些人将希望寄托于冥冥，寄托在"8"上。

"8"的受宠，从更深一层分析，说明中国人传统的心理定势并未改变，信天信地，信"8"信"发"，就是不敢相信自己。

其实，只想"发"，而没有"发"的能力，不知道怎样去"发"，不要说"发"不会从天而降，就是降下来了自己也把握不住。

如果中国人再这么沉浸在"8"的迷梦中，敢问"发"在何方？

思考

"骄傲自满为什么不对？"请分别从纵向和横向进行发散思考，并将思路罗列出来。

纵向思路是：

_____

_____

横向思路是：

_____

_____

　　要做到言之有度，就应多问为什么，凡事都有其原因。比如，对方为什么提出这样一个问题，背后的动机是什么？他想得到什么？或者按如下步骤深入思考：第一，这是什么问题？第二，产生问题的原因？第三，有哪些解决办法？第四，我想怎么解决？

任务三
形象思维

案例导入

　　朱自清在《春》一文中，对春天作了如下的描写：

　　"桃树，杏树，梨树，你不让我，我不让你，都开满了花赶趟儿。红的像火，粉的像霞，白的像雪。花里带着甜味儿……花下成千成百的蜜蜂嗡嗡地闹着，大小的蝴蝶飞来飞去。野花遍地是：杂样儿，有名字的，没名字的，散在草丛里，像眼睛，像星星，还眨呀眨的……"

任务描述

　　朱自清用文字展现了春天的景象，十分形象生动。那么形象思维能力如何训练呢？

相关知识

　　会说话既是一种能力，也是一种形象；既是一种城府，也是一种修养。要塑造良好的说话形象就应该在平时多注意自己的言谈举止。与人交谈时尽可能地把话说对、说好，说到点子上，还要富有思想性、逻辑性和形象性。

一、形象思维的概述

1. 什么是形象

每一种进入大脑的信息，不论是感觉、记忆或是想法，包括文字、数字、符号、气味、线条、颜色、意象、节奏等，都可以成为形象。

2. 什么是形象思维

形象思维是指人们借助形象刺激右脑，通过丰富的想象力去解决问题。它是用表象进行的思维活动，是一种通过形象来反映和认识客观世界的思维形式。它也是人的一种本能思维，每个人一出生就会无师自通地以形象思维来考虑问题。

二、形象思维的特点

1. 形象性（直观性）

在整个形象思维过程中，自始至终都离不开生动的具体形象（即画面感），所以，形象性（直观性）是形象思维的一个重要特征。

画家心中要有视觉形象，才能描绘出令人赏心悦目的图画；音乐家心中要有听觉形象，才能创作出感人悦耳的乐章；文学家心中要有生活素材，才能塑造生动立体的人物形象，描绘生动感人的画面……离开了形象，形象思维就成了无源之水、无本之木。

2. 创造性

想象是指思维主体运用已有的形象构建新形象的过程。形象思维并不满足于对已有形象的再现，它更致力于追求对已有形象的加工，从而获得新形象的输出。所以，想象使形象思维具有了创造性。

思考

《天净沙·秋思》

枯藤老树昏鸦，小桥流水人家，古道西风瘦马，
夕阳西下，断肠人在天涯。

赏析马致远的这首散曲并谈谈想象力的作用。

_____

_____

3. 感性

文学家在创造典型形象的过程中，往往会把自己的强烈感情渗透在作品里面。巴金就曾提到："我在写《家》的时候，仿佛也在跟着那些人一同受苦，一同在魔爪下面挣扎。我陪着那些可爱的年轻生命欢笑，我陪着他们哀哭。我一个字一个字地写下去，好像在挖开我记忆的坟墓，我又看见了过去使我心灵激动的一切。"由此可见，形象思维与情感是分不开的。

三、提升形象思维能力的对策

（1）多观察。通过观察训练感官的敏感性，克服心不在焉和熟视无睹的坏习惯，有意识地收集生活中的图像、声音、气味等信号，储存各种表象素材。

（2）多体验。体验式学习是提升形象思维能力的法宝，就是有意识地将自己置身于真

实环境中，看具体图像，听具体声音。

（3）养成"白日做梦"的习惯。所谓"白日做梦"即在脑中"播放"相关画面，这是加深记忆从而提高形象思维能力的有效方法。

（4）多做形象比较。比较能产生更精确的记忆，这条学习法则是古今通用的。

（5）多做模仿训练。模仿是我们的形象思维学习和借鉴别人的体验过程和结果的主要方式。

任务实施

形象思维能力训练

要发展形象思维，必须具备能将形象素材连缀使之产生具有一定联系的联想、类比能力，或者具备对素材进行加工从而产生新形象的想象能力。

一、联想能力训练

联想是指由一事物想到另一事物的思维过程。联想越丰富，思维越活跃。联想的基本方式有：相似联想、相关联想、相反联想、类比联想、因果联想。

1. 相似联想

相似联想是从给定事物想到与之相似的事物（形状、功能、性质等方面）的思维活动。例如，从油炸元宵可以联想到与之形状相似的乒乓球，从飞鸟可以联想到与之功能相似的飞机，从香味可以联想到与之气味属性相似的花香。相似联想能促使人们产生创造性的设想和成果。

演练

围绕图形"〇"展开联想。

_____

_____

_____

2. 相反联想

相反联想是指由给定事物联想到此物的反面。

演练

①水能载舟，亦能覆舟。②水能造福于人类，用于灌溉、运输、发电、养鱼等。请再续一句，说明水对人类的消极作用。

_____

_____

3. 相关联想

相关联想是由给定事物联想到经常与之同时出现或在某个方面有内在联系的事物的思维活动。

例如，"木质"和"皮球"是两个离得很远的概念。但是，只要经过四步中间联想

（每个联想都是很自然的）就可以从"木质"联想到"皮球"。其环节是：

木质——树林——田野——足球场——皮球。

演练

试着寻找"天空"和"茶"中间的联想链，将它们联系起来。

_____

_____

4. 类比联想

类比联想是指对一件事物的认识引起对和该事物在形态或性质上相似的另一事物的联想。

思考

一张白纸，揉皱了，即使抚平，也难以恢复原样了……每次看到这幅图，我都想起……

如果是你，你会联想到什么？

_____

_____

5. 因果联想

因果联想是指由事物的某种原因而联想到它的结果，或指由一个事物的因果关系联想到另一事物的因果关系的联想。

演练

对给定的词作因果联想。

冰——

风——

火——

科技进步——

6. 综合联想训练

（1）从给定信息出发，尽可能多地用到各种类型的联想，形成多种多样的综合联想链。如：鸡→雄鸡报晓→桌上报晓自鸣钟→电灯。

演练

以下两个没有关联的信息，寻找各种各样的联想链将它们联系起来。

飞鸟→（　　　）→（　　　）→（　　　）→（　　　）→车站

（22）寻找任意两个事物的联系，可以省去联想链，但要建立两个事物间有价值的联系，并由此制造创意。

演练

你的面前摆着四种物品：一本平装书、一瓶百事可乐、一根纯金项链、一台彩色电视机。请从中找出一种"与众不同"的物品，然后再找出物品两两之间的共同之处。

_____

_____

（3）用给定的几个词组练习讲一段话。联想要丰富，同时按照一定的逻辑顺序和结构连缀成篇，并有一定的内涵和品味。

演练

请用以下三个词讲一段话。

①花儿；②气息；③跑。

_____

_____

二、想象能力训练

所谓想象是人脑对记忆中的表象进行加工和改造以后，形成新形象的过程。它是自觉进行的一种积极主动的思维方式。

想象力是创新思维的重要品质，它能使我们超越已有的知识和经验，为思维插上"翅膀"，达到新的境界，使语言表达生动活泼。

1. 再造性想象

根据语言、文字、图样的描述，在头脑中形成相应的形象。

演练

请以几何图形〇和△展开联想，仿照例文格式，写一段话。

"看到圆，我想到圆圆的面包，那是西方人的主食，看到三角，我想到我国端午节包的粽子，圆和三角结合起来，使我想起了中西方饮食文化的不同。"

_____

_____

2. 创造性想象

创造性想象是根据一定目的和任务在头脑中创造出新形象的心理过程。创造性想象的要求是和谐统一。

例如，作家在头脑中构成新的典型人物形象就属于创造性想象。鲁迅笔下的阿Q、祥林嫂和狂人等都是这样的艺术形象。

演练

请用甲同学的脸型，乙同学的眼睛，丙同学的腔调与举止，丁同学所做的事情……描述一个人的容貌与性格。

_____

_____

幻想也叫憧憬，它是一种对美好的未来，对希望的事物，对某种成功的向往，是创造性想象的一种特殊形式。积极的、符合现实生活发展规律的幻想，往往是人的正确思想行为的先行。

任务拓展

形象思维在口语表达中的运用

一、比喻比拟法

在生活和工作中，要向他人作解释、讲道理，如果能巧借妙喻，用形象的语言说明那些深奥的道理，往往就能取得预期的效果。

案例

水均益曾做过一期题为"医生们的困境"的报道。他的开场白是："波黑冲突像一个久治不愈的病人，后来来了好多医生给病人会诊。但是病未见好转，人们却对医生们的处方和动机产生了怀疑，医生之间也产生了分歧和争论。"

二、形象描绘法

1. 形象拟人式

这是把物当成人，赋予人的动作、行为或思想感情的方法。在论述中恰当地运用拟人的方式，可以表现出强烈的感情，取得幽默讽刺的效果。

案例

惠子是梁国的宰相，庄子某天游历到梁国。惠子听说庄子来了，担心庄子会把他的相位夺去，于是派人搜查了三天三夜，一心要抓住庄子。庄子却主动找上门来，见到惠子，说道："南方有一种叫宛刍的鸟，你知道吗？它从南海起飞，飞向北海，非梧桐不止，非竹实不吃，非醴泉不饮。可是有一只猫头鹰抓到一只臭老鼠，正好宛刍飞过，猫头鹰仰起头来，威吓道：'吓！你想夺去我的臭老鼠吗！'"

2. 形象拟物式

这是把人当作物来描述，或把甲物当成乙物来描述的论辩方法。这种方法可以给人以具体、深刻的印象，增强语言的雄辩力量。

案例

在一次报告会上，报告人正在台上认真作报告。突然，一个喝得醉醺醺的听众在下面捣乱，学公鸡打鸣。这位报告人镇定自若，看了一下表，说道："现在是晚上8点钟，怎么回事？难道天亮了吗？公鸡在叫，我简直不敢相信，然而低级动物的本能是不会错的。"醉汉自讨没趣，离开了会场，报告继续进行。

3. 形象描绘式

这是以形象的语言来表达意思。

思考

农夫山泉的广告语："我们不生产水，我们是大自然的搬运工。"这一形象的说法要告诉我们什么信息？

三、摆事实讲道理法

1. 形象诠释法

用形象的语言或事例来解释抽象的定义或道理，使之浅显易懂。

演练

请用形象的语言诠释友谊的定义。

_____

_____

2. 画面描述法

将推理论证过程转化为形象丰满的画面。用形象化的图景来描述就能化虚为实，避免就事论事，使表达具体生动。

演练

请按下面句式再接两句，并谈谈你的体会。

假如时光可以倒流我们可以去感受一下炎黄时期的史前文明；

_____

_____

四、讲故事法

用讲故事的方法来阐述某个道理或介绍某种产品，这种具体生动的表达方式能够收到很好的效果。

案例

有一次，小李在一家商场调研，他来到海尔冰箱的柜台前，他装做顾客的样子对海尔的销售人员说："你们的质量有保障吗？"这位销售员倒没有说那么多，只是讲起海尔的总裁张瑞敏上任时因冰箱质量出问题而砸冰箱的故事，一个故事讲得小李立刻对海尔冰箱的质量肃然起敬了。

五、列数据法

通过列举数据，可以使表达的内容听上去更严谨、可信。

案例

"我们都知道，一寸光阴一寸金，时间要比金钱重要，你都会记账了，为什么不去记录时间呢？不过有人会反驳说时间太抽象了，不像金钱那么具体，写日记又太文艺，怎么做？因此两年前我总结整理了一套叫做'三十四枚金币时间管理法'，方法很简单，就是早上七点起床，晚上十二点睡觉，醒的时间一共是十七个小时，按半小时分类，把这个十七个小时分成三十四块，你就有了三十四枚金币。当然你会说为什么一定七点，八点起床行不行，可以，那就是三十二枚；九点，三十枚；每天早起两小时，那就是四枚金币。每天晚上睡觉前用自己的表格记录一下这些时间是怎么用的，如果用得比较高效，比如说高效地工作了，学习了，或者痛痛快快地玩了，就把它标成绿色。但如果说用得毫无意义，拖延了，干了一些不疼不痒的事儿，比如说无限地刷微博、刷朋友圈、自己给自己点赞，你就把它标成红色，这么一来你一天的时间都干什么了，高效与否一目了然……通过记录你获得了成就感，从而获得自控力，从而能实现你的目标。"

思考与练习

1. 自拟一关键词，以此为中心绘制思维导图，进行拓展思维训练。
2. 设想一个问题，然后找出至少三个理由说服自己。
3. "连词造句"训练。在合理想象的指引下将三个词有理有趣地组合起来。

项目三　日常应用口语

任务一
倾听

案例导入

案例1

在一次推销中，小王与客户洽谈顺利，看样子就要签约成交了，对方却突然变了卦。当天晚上，按照客户留下的地址，小王找上门去求教。客户见他满脸真诚，就实话实说："你的失败是由于你没有自始至终听我讲话。就在我准备签约前，我提到我的独生子即将上大学，而且还提到他的运动成绩和他将来的抱负。我是以他为荣的，但是你当时却没有任何反应，甚至还转过头去用手机和别人通话，我一生气就改变主意了！"

案例2

某个圣诞节，一个在外出差的美国男人兴冲冲地乘飞机回家和家人团聚。不料飞行途中飞机遭遇了猛烈的暴风雨，几次面临坠毁的危险。庆幸的是，驾驶员技术很好，最终冷静地驾驶飞机安全着陆。这个美国男人死里逃生回到了家。他异常兴奋，不停地叫着、喊着，向妻子描述飞机上的经历。然而，他的妻子正和孩子兴致勃勃地准备着过节的一切，对他的讲述没有太大的兴趣。男人发现没有人在认真听他倾诉，他死里逃生的巨大喜悦与家人冷落的孤独感形成强烈反差。于是，在妻子去准备蛋糕时，他爬上了阁楼，用上吊的方式结束了从险情中捡回来的宝贵生命。

任务描述

按照你自己的理解，模拟场景、演练倾听。

相关知识

倾听是沟通过程中的一个重要方面，想要掌握别人的内心世界第一步就是懂得倾听。要使当面沟通融洽有效，调整心态，主动倾听，做一个善于倾听的人是非常必要的。秘书在工作过程中，必须认识到有效沟通是双向的，不仅要表达意见，还应当接受意见。只有自己主动去认真倾听，对方才会向你祖露心迹。在陈述自己的主张、说服对方之前，先让对方畅所欲言并认真聆听，才是解决问题的有效捷径。

一、倾听的要求

美国传播学家查理·威瓦尔的研究表明，人一天中 40% 的时间是在倾听。倾听是沟通的开始，是建立互相尊重的基础。倾听是获取新知识的过程，从别人的谈话中了解新的信息，接受新的见解，是获取知识的一条新途径。

1. 要全神贯注地听

倾听别人说话本来就是一种礼貌，愿意倾听表示我们愿意客观考虑别人的看法，这会让说话的人觉得你很尊重他的意见，使对方有一种得到认同的强烈感受，这有助于双方建立融洽的关系，彼此接纳。在倾听过程中要时刻保持注意力集中，随时留意对方谈话的重点，表现出一种饶有兴趣的、关心的、赞同的态度，以一种高度负责任的态度来对待对方，这样能增加你与他人对话成功的概率。如果不能自始至终倾听对方讲话的内容，认同对方的心理感受，交流就无法进行下去。没有人希望看到听众心不在焉的样子，也没有人愿意谈话被随意打断，更没有人乐意对着空气滔滔不绝地自言自语。

名人名言：

不要打断别人说话，让他把话都说出来，哪怕他是在抱怨。如果你打断他，便是暗示他所说的不值得倾听。

——戴尔·卡耐基

倾听不仅需要通过听觉器官接受声音，还要对所接受的信息进行理解、分析、判断、储存，并做出反应。如果不集中注意力，就无法掌握对方话语的内容，更无从做出及时的反馈。再有，倾听时注意力越集中，记忆就越深刻，记忆内容保持得也越持久。因此，只有专注地倾听，才能听清、听懂、记住，这也是进一步展开人际交流的基础。

案例

微软公司首席执行官鲍尔默的领导艺术——再忙也要学合倾听。

记者问："作为一名领导者，您还有哪些地方需要改进？"

鲍尔默说："我很忙。我的大脑一刻不停，即使听完一个人说的事情，也不能真正消化理解这些东西，人们都会认为你没有在认真倾听。有时就是这样，你忙于琐事没法倾听。这就是我大脑工作的方式，它总是在不停地接收、分析、思考、理解、反应。话说回来，如果你真想激励人干好工作，那就必须倾听他们所说，并让他们感觉到你是在倾听。所以说，我得学着适时慢下来，在这方面多改进，这对我及周围的人都有好处。"

2. 要边听边理解

沟通交流的过程，实际上是信息表达和解读的过程。人们表达自身意图和目的时，有时采用有声语言来表达，但更多的时候会将真实意图隐藏在话语的形式之外，形成隐含的语义。

一个善于倾听的人，必须具有深刻的理解能力，对别人的话要进行分析、归纳和概括。只有这样才能抓住对方说话的要点。如果倾听者能主动、迅速地对谈话对方的话语明确表示理解、赞同，讲话者往往能受到鼓舞，使双方情感和思想得到充分的交流。同时注意不要在一件事情还没搞清楚之前就下结论，要保留对对方的多种判断，直到事实完全清楚再提出来。

案例

讲者：我觉得很压抑，因为我自愿加班加点，尽了最大努力，按时完成了项目，但是好像人人都不赞同。

听者：看上去你很失望，你没有得到足够的支持。

讲者：是的，正是这样，并且……

案例

讲者：这几天你不在，公司里发生了很多事。李撞了车，需要几天才能治好；王感冒了；张扭伤了脚踝。此外，这两天还必须完成一份临时计划……你回来了，我真高兴。

听者：这些天你做了大量的工作，而且一直忙到现在，对吗？

讲者：就是呀，快忙昏头了。

3. 要边听边记忆

倾听时，信息是无形的声音，稍纵即逝。只有边听边记，大脑才能凭借记忆表象展开思维，从而听懂对方要表达的真正意思。人们的思维速度远比讲话速度要快。一般来说，人们讲话的速度约为每分钟 125 个词，虽然目前人们还不知道在倾听过程中大脑是如何运作的，但绝大多数人的思维速度都快于每分钟 125 个词。因此，讲话低速度和思维高速度之间的差异给人的大脑留下充足的开小差的时间，也给没有真正认识到倾听重要性的人带来了麻烦。为了更好地倾听，必须做到边听边记忆，让记忆内容在倾听者的大脑皮层留下多条一样的痕迹，从而提高记忆效率。

当你意识到自己已经走神了的时候，你可以向对方发出"请等一下"的信号。走神不仅让自己更加难以理解所听到的信息，而且会让对方感到无趣。为了避免走神，可以适当做一些必要的记录，或者向对方提一些问题。

案例

林秘书自认年轻聪明，记忆力好，足以应对各种上传下达的事情，而且他很不认同有些同事什么事情都记录下来的工作方法，尤其是一些女同事，整天揣着一本小粘贴，遇到事情就撕下一张写到小帖子上，贴得到处都是。可是后来发生的一件事情，让他对自己的想法有了很大的改变。有一天，总经理让他通知办公室的另一位胡秘书准备好下午去谈判的资料。回到办公室后，另一部门的小王让他去一趟，回来就忘记了总经理交代的事。中午快下班时，林秘书才突然想起通知胡秘书。胡秘书很沮丧，说："得，中午别吃饭休息了。"看来，有些自认为正确的习惯，还是应该改一改。

4. 要边听边整合

整合是将信息的不同内容或多条不同信息联系起来，并重新编排，目的是回顾整个过程，把倾诉者信息的多个元素连接在一起，确定一个共同的主题或模式，理出多余的陈述。

在倾听过程中，应当时时注意对对方话语的主干或者主线完成环节的衔接把握，同时虚化可能妨碍整合信息的旁支细节。倾听者在对说话人所说的话语全部听取的同时，对于其中的某些旁支细节暂时不予以过多的关注。要按照自己的逻辑判断能力，对于所听取的话语进行主次轻重缓急的处理。话语信息在交流中，往往不是单一的、清晰的。因而，倾听者为了更好地把握说话人的思维脉络，就必须在听话的同时，对话语进行信息整合处理。

案例

2003 年"非典"时期，中央电视台《面对面》栏目主持人王志采访了当时的北京市代市长王岐山，部分采访内容如下：

王志：我们眼里看到一个很镇定的市长，一个很坚定的市长。但是，另一个方面我们看到北京感染的人数在不断地上升。

王岐山：这个传染病它有一个规律吧，谁去预测这个数字？在当前这个条件下，做这件事近乎于是一种赌博，是危险的。但是，说实在的，我们也在分析，并不是完全没底数的。

王志：什么底数？

王岐山：就是说增长总有一个头，增长到一定程度的时候，它是要逐渐回落的。我相信我们这些措施，这些人的工作都不会白费的。

王志：预期是多少？

王岐山：我现在不想做这种赌博式的预期回答……

王志：你上任的时候，我看了这个数字当时是 300，不到 400。

王岐山：是的。

王志：昨天的数字是 2 750。

王岐山：对！

王志：那跟你的严厉措施成反比，说明什么问题？

王岐山：传染病有潜伏期，传染源是在我的措施中逐渐被切断，隔离是一步一步的。所以，在这个问题上应该非常清醒地认识到：现在的措施，要对今后的 10 天起作用……

王志：那我能不能这样预期，10 天之后一定降下去？

王岐山：我相信 10 天之后，起码我们可以讨论这个问题。

二、倾听的技巧

1. 要学会捕捉关键词

口语交际，并不完全是以一句对一句的方式进行的，有时，还常常是一方长时间地听取另一方的话语表述。因此，倾听者是否具有比较强的关键词捕捉能力，对于口语交际、有效倾听能否取得成功，就显得非常重要了。在倾听过程中，应当时时注意对对方话语中关键词的捕捉，同时明确其内在的纲目层次关系。

关键词的捕捉，就是在听取对方的长篇话语表述时，倾听者要及时提取对方的话语要点，筛除不必要的信息，并在逐一提取话语要点的同时，将一些散乱的要点予以有机地串接，进而从倾听者的角度，构建起既忠实于说话人的原意，又融入听话人独特理解的纲目层次。

案例

以下三种方案你认为是否合适？你会做出什么反应？

你正在家里悠闲地喝茶、看电视，这时候电话铃突然响了，是你最好的朋友打来的。听起来很明显地感觉到他的情绪很激动："我想辞职不干了，我们经理明明说好的提升我当部门经理，可事到临头他却变卦了！"这时候你可能出现以下三种反应：

（1）你不应该这样激动，不是我说你，你的脾气太急了，人跟人相处不是一件容易的事情，说你好多次你就是不听！

（2）完成最初的反应之后，你马上讲了一个你自己曾遭遇过的相似经历，以此来说明你的朋友的遭遇还不是最糟糕的。

（3）在听朋友解释完事情的原委后，你说："你们公司那些人真是太可恶了，素质太差。你干脆跳槽算了，找一份新的工作，此处不留人，自有留人处。"

2. 要学会观察说话者的表情

科学研究表明，在人际交往中，非语言信息要比有声语言信息的内涵多5倍。人们的真实意图常常浮现于举手投足之间，暗藏于神态服饰之中。一个不经意的眼神、动作或手势都可能隐含着其内心的某种状态。在倾听他人谈话的过程中，学会感知对方所暗藏的玄机，对洞察对方心理、提高沟通效率具有非常重要的作用。倾听他人谈话的时候，不能简单地听他讲了什么，更要留意他讲话时的神色是否与他讲话的内容相一致。一旦出现两者不协调的情况，凭借非语言传递的信息来判断则更为准确。

眼睛是心灵的窗户，双方交谈时用柔和的目光不时地注视对方的眼睛，表明自己对所听的内容很感兴趣，并始终将注意力集中在对方谈话的内容上，给对方一个畅所欲言的空间，表现出一种认真、耐心、虚心的态度。你是否在倾听和接受说话的内容，对方是根据你的目光来判定的。稳定的目光接触就是告诉对方：我的注意力集中在你的身上，我正留心着你在说什么。

案例

小吴是某文化用品公司的业务员，他刚跨入食品公司的行政经理老王的办公室。当小吴走进来时，年近60岁的老王正坐在一张很大的皮质沙发上看报纸，手臂和双腿都交叉着。

小吴：（伸出手）早上好，王经理。见到你很高兴，今天你看上去特别精神。

老王：是的，你迟到了。

小吴：刚才地铁出了故障，害得我耽搁了，不过只是5分钟。

老王：（用手指摸了摸自己的鼻子，双臂抱得更紧了）那么好吧，我能为你做什么？

小吴：我们公司刚进口了一批全新的文具，我想你们可能用得上。

老王：我就实话实说了，我们刚与另一家文具社（小吴公司的竞争者）签了一份订单。

小吴：（从公文包中拿出产品样本的手在抖，音调变高，声音变得结巴）哦，听，听到这太遗憾了。我只是迟到了5分钟，我们在电话中都已经谈妥了，你们应该等着我来的，我们公司的定价比他们要低10%~15%。

老王：（突然松开交叉的手臂和大腿，手托着下巴，身体向前倾斜）是吗？

小吴：（眼睛紧盯着天花板，整了整身上的西装）对不起，我想我已经错过了一次机会。既然你们已经签了订单，下次我们再谈吧，好吗？

不等老王回答，小吴有礼貌地道了声再见，径直走出老王的办公室。当小吴离开时，老王刚站起的身子又重重跌坐在沙发上，目瞪口呆。

其实，等老王松开交叉的手臂和大腿，手托着下巴，身体向前倾斜时，已经表示对小吴的谈话内容感兴趣了。可惜小吴眼睛一直盯着天花板，没有注意到老王的真实想法，因而也就失去了一次成功的机会。

3. 要学会借助联想帮助记忆

要想获得有效的倾听效果，必须借助完整的记忆，以完整的记忆为基础，没有良好的瞬间记忆能力，就无法达到沟通的最佳效果。那种记住了前面就忘记了后面，抓住了后面又丢掉了前面的"马大哈"，更容易在工作中碰钉子。

除了平常可以用一些特定的训练，如背诵、复述来增进记忆力之外，在倾听的过程中，可以用联想这种形象思维方式来帮助倾听者记忆对方的话语表达。可以从一个事物的一种特点，联想到这个事物的其他特点，也可以由一个事物的某种特点联想到其他类似特点的事物。所以，亚里士多德认为，比喻是天才的一种象征。当然，联想这种人类特殊的能力，不是一朝一夕就可以练习成功的。

读一读：

由"水"展开的联想与类推

柔弱的点点滴滴，穿透了坚硬的岩石——成功来自锲而不舍。

不积细流，无以成江海——知识在于积累。

在堤坝的约束下，唱着奋进的歌——自强不息，勇于开拓。

溺死者，往往因为受到水的温柔诱惑——不要被表面现象所蒙骗。

潭水，永远也不能流向海洋——安于现状，就不会有成功的喜悦。

对它过分的热情，它就会飘飘然——凡事要适度。

4. 要结合语境领会说话者的言外之意

语境是指沟通交流过程中的情景，同样的话语在不同的语境下其含义可能大不相同。比如，同样问"你一个月挣多少钱"，对于中国人来说，这是朋友间最平常的一句话，但是西方人可能会认为这句话包含着轻视之意。人们常说"上什么山唱什么歌"，说话的情境在很大程度上影响着双方谈话内容的含义，每句话在不同的语境中所传达的信息不同。

在特定的交际环境中，交际双方进行的常常是一种"只需意会，不必言传"或"只可意会，不可言传"的交际活动，即"言外之意，弦外之音"。这就需要我们结合语境去加以理解。例如，一位教师说"明天上午8点我去上课"与一个学生说"明天上午8点我去上课"相比，虽然教师和学生都说同样的话，但是由于教师和学生的身份不同，两句话的语义就有所不同：教师说这句话的意思是"去讲课"，而学生说这句话的意思是"去听课"。

在面对面的沟通过程中，人们常常会根据双方都知道的前提或背景情况而省略一些成分，以达到言简意赅的目的。所以，在口头沟通交流的语言中，往往有些句子是不完整的、省略的形式，但是说话的人用它可以圆满地表达意图，倾听者也能毫无困难地接收信息，其原因就是语境提供了潜在信息。同时，还要在聆听中结合语境，体会讲话人的"话外音"，仔细分析其中的非语言因素，弄清话语的真正意图。

案例

一天，秘书小兰陪老板坐车路过一个小菜市场，看见路边的菜摊上摆着一堆新鲜的洋葱。洋葱的皮晒得红红的，上面还沾了很多泥巴。老板是个美国人，小时候经常跟着做农场主的父亲去种洋葱。他来中国已经很久了，但还是第一次见到这么新鲜的洋葱，感到很亲切，想起了已去世的父亲和自己的童年时光。回到办公室以后，老板让小兰派人去给他买几个洋葱回来。

第二天，当小兰把洋葱放到老板桌上的时候，那几个洋葱只剩下中间的那一点小芯儿了。原来，当行政部门的办事员将洋葱买回来以后，马上放在水龙头下把泥巴洗掉了。洋葱交给行政部门的领导时，领导又把洋葱外面的几层粗皮给剥掉了。到了小兰手里后，小兰怕不卫生，又剥掉了一层洋葱皮。

洋葱还是那几个洋葱，但已经不是老板当初想要的洋葱了。老板看着摆在桌上的洋葱，觉得很扫兴，而且对小兰感到很失望。

影响倾听效果的因素很多，有些与倾听的客观环境有关，有些则与倾听者自身有关。要想提高倾听效果和技能，除了改善客观环境之外，更应该有意识地克服自己的主观障碍以及因自身因素对倾听效果产生的影响。

倾听的最大障碍在于自己对对方存有偏见，从而无法获得准确的信息，因此倾听者应有意识地加以克服。保罗·道格拉斯曾经说过："当你与别人的意见相左时，应以你的表情、耐心、所言所行向他证明你是真的关心他。"人们常说第一印象往往决定了将来。人们在倾听过程中，对对方最先提出的观点印象最深刻，如果对方最先提出的观点与倾听者的观点相反，倾听者可能会产生抵触情绪，而不愿意继续认真倾听下去。明白了这一点之后，就应该在倾听过程中时刻提醒自己要客观、公正地对待对方。

任务实施

下面是一对夫妻一次失败的沟通，请两位同学扮演这对夫妻，要求妻子开始那句话不变，扮演丈夫的同学该如何通过用心倾听并回应妻子，让妻子开心呢？

妻子：累死我了，一下午谈了三批客户，最后那个女的不懂装懂、挑三拣四。

丈夫：别理她，跟那种人生气不值得。

妻子：那哪儿行呢，顾客是"上帝"，是我的衣食父母。（觉得丈夫不理解她）

丈夫：那就换个工作呗，干吗非要受这个气！

妻子：说什么呢！现在找个工作多难啊，好歹每个月我也能往家里拿 4 000 块钱。像你啊，工作虽然轻松，可挣的那几个钱够谁花？儿子的学费怎么办？（觉得丈夫不仅不理解自己还说风凉话）

丈夫：你这个人怎么这么不识好歹，我是好心帮你解气，怎么就冲我来啦？

妻子：你帮我？能多赚点钱帮帮家里就算是帮我啦！（抱怨）

丈夫：不就是几个臭钱嘛，有什么了不起！（急了）

任务二
转述

案例导入

营长对值班军官说："明晚8点钟左右，将可能在这个地区看到哈雷彗星，这种彗星每隔76年才能看见一次。命令所有的士兵穿野战服在操场上集合，我将向他们解释这一罕见的现象。如果下雨的话，就在礼堂里集合，我将为他们放一部有关彗星的影片。"

值班军官对连长说："根据营长的命令，明晚8点哈雷彗星将在操场上空出现。这种彗星每隔76年才能看见一次。如果下雨的话，就让士兵穿着野战服列队前往礼堂，这个罕见的现象将在那里出现。"

连长又对排长说："根据营长的命令，明晚8点，非凡的哈雷彗星将身穿野战服在礼堂中出现。如果操场上下雨的话，营长将下达另一命令，这种命令每隔76年才会出现一次。"

排长对班长说："明晚8点，营长将带着哈雷彗星在礼堂中出现，这是每隔76年才会有的事。如果下雨的话，营长将命令彗星穿上野战服到操场上去。"

班长对士兵说："在明晚8点钟的时候，著名的76岁的哈雷将军将在营长的陪同下身穿野战服开着他那辆'彗星'牌汽车经过操场前往礼堂。"

任务描述

根据所学的指示，模拟转述场景，进行演练。

相关知识

转述，就是把别人说过的话或自己说过的话转给他人，是一种很基本的、用途广泛的口语表达方式。转述者要把一件事情恰到好处地说给另一个人听，并不容易。这既需要听清看明，理解并记住转述的内容，又需要在充分理解、记忆的基础上，用自己的语言转换信息，传递给别人。因此，转述需要具备听知、记忆、理解、抽象概括与表达等综合能力。怎样更好地理解转述的意义并掌握转述的技巧呢？下文将为你解答。

一、转述的要求

转述虽然是对原材料的重新叙述，但不是一种简单的重复，而是在忠实于原材料基础上的再加工与再创造。转述的过程是一种复杂的信息接收、处理与转换的过程。转述者把听觉、视觉所感知到的信息收集起来，在理解和记忆的基础上进行加工处理，然后或简单，或详细，或改变顺序，或变换人称，用自己的语言，把接收到的信息传递给别人。要顺利地进行转述，就必须明确转述的要求。

1. 转述内容要准确

秘书是单位各职能部门间沟通的桥梁，也是外界与单位联系的桥梁。上传下达，沟通左右，是秘书的工作职责。在领导与职能部门之间、领导与群众之间、领导成员之间，都常常让秘书代为通报情况、商议事情。秘书在转述话语时，最基本的要求就是准确、不失真。不允许粗心大意错传、漏传信息，更不允许在传话过程中随意添枝加叶，或掐头去尾。

转述时必须抓住要点，确保听话方获得准确信息。为此，秘书在听取领导口头交代时，应有集中的注意力，牢固的记忆力，机智的组合力，切实弄清转述的中心意思，记住一些反复强调的话，没听清楚时可以适当提问，重要的问题还可以复述一遍。转述时，不要妄加评论和强加一些自己的观点，不说含糊不清或者可能引起误解的话。

2. 转述语言要精练

秘书在口头传递信息时，除了内容准确之外，还应该传得巧妙、精练。一位专业的秘书对于有待转述的内容应进行分析，只传那些应该传的话。对一些不该传的话，要提出自己的建议。例如，领导间的批评意见，应该由他们个别交谈；需要集体讨论才能解决的重大问题，建议开会讨论；内容不正确、不周密、容易引起误解的话，要巧妙地请求传话方进行修正。在转述内容较多时，应能去粗取精，理出头绪，抓住要点。除此之外，必须舍弃某些言辞，防止产生矛盾。

在转述时，从精练的角度出发，应该选取适当的、比较客观的句式来进行转述。因为不同的句式包含的感情色彩是不同的。有的句式是客观的，能得到听话人的积极回应；有的句式则是先入为主的方式，暗含着说话人的预先判断，往往容易引起听话人的不快；还有的句式会包含着对别人的否定态度，更加会让人形成情感上的抵触。例如，想提醒同事下午在约定的开会时间准时到会，应该说："下午 2：30 开会，请大家准时到场。"而不应该说："下午 2：30 开会，别又迟到了！"

案例

某公司开了一个非常重要的新产品推介会，周秘书的任务是将大家在新产品推介会上的发言记录下来，带回去转述汇报给总经理。会议结束后，总经理却迟迟等不到周秘书的发言记录，想向周秘书询问情况，却一时没腾出时间，于是便让李秘书去看看到底怎么回事。李秘书发现周秘书还在埋头苦写，就转达了总经理的疑问。周秘书说："我马上写完了，立刻交给总经理。我好不容易才写了两万字。"李秘书说了一句话："两万字？你只要记住，我们转述给总经理的内容重点应该是'短'和'快'。"

3. 转述声音要清晰

作为秘书，转述的语音必须标准规范，清晰圆润。如果把"西安"说成是"先"，把"师范"说成"稀饭"，就会对转述效果造成很大程度的负面影响，甚至会让转述的对象无法明白转述者究竟要表达什么意思，在关键时刻造成重大损失。因此，转述时，声音必须要清晰。发声的基本技巧是：发声时喉部要放松，声带就能振动自如，发声也轻松省力，声音自然悦耳动听，再借助适度的共鸣来扩大音量，美化音色。说话时如果发音器官的活动不到位，相近的字音区分不清，就会吐字模糊，字音含混不清，从而影响意义的表达。

案例

小吉大学毕业后到了一家不错的公司担任总经理秘书，工作勤奋努力，文字表达能力强，写文章又快又好，深得领导赏识。但小吉的语音表达却让人不敢恭维。她出生在一个偏远的山区，方言很重，原来自己没觉得这有什么大问题。可是工作后咬字不准的发音给她造成了很大的困扰。各种会议上宣读材料、公共场合传达总经理的指示时，总有人很费力还没听懂。特别是她越想说得清楚，就越紧张，说话时便喉咙发紧，舌头打结，声音也变得尖利起来，为此她十分苦恼。有一次，她电话通知全体部门经理开会，把"十点"说成了"四点"，结果造成会议无法按时进行。总经理虽然没说什么，但小吉知道总经理其实是有点不满了。

4. 转述要生动流畅

转述是对语言材料吸收、存储、内化、整理和表达的过程。秘书在转述的过程中，要注意内容和语言的生动流畅。首先，要把书面语言转换为口头语言，运用口头语言才是真正意义上的口语交际；其次，转述时必须条理清楚，反映各部分内容的内在联系，如果叙述一件事情，转述时一定要交代清楚时间，地点，人物，事情的起因、经过、结果等；有时可以适当借助表情和手势，增强语言的生动性和形象性。

案例

静静是一个不爱说话也不爱笑的女生，在和别人说话时总是喜欢低着头，从不与他人进行目光交流，而且说话声音小，语速慢，面无表情。这使得她与别人交流的时候总是不会有太多的话，时间久了很多同学便不太愿意与她交流了。在一次小组活动中，每个人都积极踊跃地思考、讨论、相互交流，唯独静静一言不发。不是静静不想与大家讨论，而是她的惯用语速和语气给大家的感觉似乎是她不愿意多说话，这使静静很难过。如果静静想使自己说话生动起来，让更多的同学喜欢她，应该怎样改进呢？

二、转述的技巧

1. 改变人称进行转述

改变人称进行转述，是变体式转述中的一种。对已有文字材料或者语言材料的表达角度、形式与体裁加以改变，用一种新的角度和形式使话题重现。这种转述在生活中的应用较为普遍。例如，法庭辩论中，当事人双方就事件所发生的时间进行陈述时，即使双方都忠于事实，毫无增删，由于视角与感受不同，内容也会大不一样。用16个字概括就是："转换角度、改变人称、重新体验、再度挖掘。"

改变人称，可以把第三人称改为第一人称，给人以身临其境的感觉；也可以把第一人称改为第三人称，让叙述处于一种全知全能的状态，这样比较方便、自由、不受限制。把第三人称改为第一人称，要以"我"的口吻，从"我"的角度，叙述主要人物的心理活动，主要人物不知道的事情，要改为他人转述。无论何种改变，都要注意有始有终，不要张冠李戴。同样一件事，今天说跟明天说，在这里说跟在那里说，同这个人说或那个人说，人称都必须跟着转换，否则会造成混乱。

案例

屈原：南后在叫我吗？有什么事，你可知道？

子兰：不，我也不十分知道。不过我想，恐怕是为了张仪要走的事情吧。爸爸在今天中午要替他饯行呢……我妈妈因为张仪要走，很有点着急。昨天下午张仪同上官大夫一道突然来向我爸爸辞行。他说：秦国的国王尊敬爸爸，不满意齐国不友好的态度，所以愿意奉献商於之地六百里，请求楚国也和齐国绝交。爸爸既然听信三闾大夫的话，不愿和齐国绝交，他没有面目再回到秦国去了，他要回到他的故乡魏国。又说他们魏国的美人很多，一个个就跟神仙一样，他准备找一位很好看的人来献给我爸爸啦。（郭沫若《屈原》）

2. 抓住要点进行转述

转述时，必须做到中心突出，抓住重点。转述不能丢掉原材料的主要情节、观点，甚至改变中心，变换意义。对记叙性材料的转述，一般必须把事情发生的时间、地点、人物、起因、经过、结局等要素交代清楚；对议论性材料的转述，必须讲清其论点、论据以及论证的逻辑过程；对说明性材料的转述，必须包括事物的特点、性质、形状等内容。因此，首先要专注地听，不可分心；其次要看看是否有遗漏或不清楚的地方。如果碰到重要的事情，可以完整、准确地在心里先整理一遍，这样才能清楚明白地将话转述给别人。

转述时还必须条理清晰，线索明了。任何一段话都是由若干个信息点组成的，信息点像是画中的框架，没有框架，就不会有美丽的画面。如果转述时语无伦次，听者一定会"丈二和尚——摸不着头脑"。因此，必须厘清转述的顺序，明白先说什么，再说什么，最后说什么，使转述的内容条理化。弄清了这个顺序，在转述中就能做到顺序清楚、有条理了。同时，在转述时，除专业客户外，尽量不要使用专业术语或专用语，以便对方能充分理解。

案例

办公室秘书小红最近几天很郁闷，原来公司领导要锻炼她，把撰写今年年终总结的任务交给了她。但她一连写了好几篇样稿，都觉得自己的稿子缺乏深度，而且思路不清晰。后来，她虚心向公司的资深秘书老张请教。老张拿出一个记事本，让小红自己看。原来本子上记录的都是这一年里公司发生的大事、好事、坏事，而且有数据，内容十分丰富。小红一看，明白了，原来自己写的东西没深度，是因为抓不住要点，没有典型性。经过老张的指导，小红终于写出了一篇内容充实、条理清晰的总结，得到了领导的表扬。

3. 扩充转述

扩充转述就是在不改变原有语言材料的主题和重点的基础上，根据表达的需要进行合理加工，使内容更加完整。扩充的内容包括：改变顺序、改变角度、变换结构、改变体裁，甚至适当增加一些原材料中没有体现出来的内容。

扩充转述时要注意：首先，不得改变原意与原框架，可以增添细节，扩展情节，增加修饰性或限定性成分，但不能因此改变主题，偏离中心；其次，要选好扩充点，不是原材料或者原话的任何部分都可以扩充的，扩充前要选择、确定好可以重点扩充的部分，扩充的部分要为主题和中心服务；最后，扩充转述时，要充分发挥有声语言的优势，用必要的态势语言，将原材料更生动地讲给接受者，力求收到更理想的效果。

4. 调整、加工转述内容

转述是对现有语言材料的重述，要求用自己的话把听到的材料重述出来，重在内容的提取和语言的转换，这正是它的价值所在。在转述过程中，可以加深对原材料的理解，适当对转述内容进行调整、加工，加强记忆，防止遗忘。

有些事情，无须一字不落地转述出来，一些旁枝末节完全可以省略，而进行简要转述。在总体把握原有语言材料的基础上，抓住主要内容，再用自己的语言表出来，原有语言材料的重要词句应该保留，次要的材料、过渡的段落都可以省略。力求不改变原意，同时做到结构完整，有头有尾。有些时候，由于转述人受到时间或者自己的表述能力等的限制，无法很完整地表达出自己要表达的准确意思，这时，就应该将该补充的内容补充完整，这也是对转述内容所进行的必要的调整、加工。

任务实施

1. 根据以下材料，由两位同学分别扮演华盛顿和下士，再由两位同学扮演士兵，进行表演，注意表现出人物的神情和说话的语气。

上将与下士

乔治·华盛顿是美利坚合众国的第一任总统，就是他领导美国人民为了自由、为了独立浴血奋战，赶走了统治者。

乔治·华盛顿是个伟人，但并非后来人所想象的，他专做伟大的事，把不伟大的事都留给不伟大的人去做。实际上，他若在你面前，你会觉得他普通得就和你一样，一样的诚实、一样的热情、一样的与人为善。

有一天，他身穿过膝的大衣，独自一人走出营房。他所遇到的士兵，没一个认出他。在一处，他看到一个下士领着手下的士兵筑街垒。

"加把劲！"那个下士对抬着巨大水泥块的士兵们喊道："一、二，加把劲！"但是，那下士自己的双手却连石块都不碰一下。因为石块很重，士兵们没能把它放到指定的位置。下士又喊："一、二，加把劲！"但是士兵们还是不能把石块放到指定的位置。他们的力气几乎用尽，石块就要滚落下来。

这时，华盛顿已经疾步跑到跟前，用他强劲的臂膀，顶住石块。这一援助很及时，石块终于放到了指定的位置。士兵转过身，拥抱华盛顿，表示感谢。

"你为什么光喊加把劲而让自己的手放在衣袋里呢？"华盛顿问那下士。

"你问我？难道你看不出我是这里的下士吗？"

"哦，这倒是真的！"华盛顿说着，解开大衣纽扣，向这位鼻孔朝天、背着双手的下士露出他的军服。"按衣服看，我就是上将。不过，下次再抬重东西时，你就叫上我！"

可以想象，当那位下士看到站在自己面前的是华盛顿本人，该多么羞愧！

2．将下面这段话进行扩充转述。要求利用肖像、神情、动作等描写，把亚历山大大帝和一少校的形象塑造出来。

身着布衣的亚历山大大帝向一军人问路：

"朋友，你能告诉我去客栈的路吗？"

"朝右走。"

"谢谢！请问到客栈还有多远？"

"一英里。"

"我可以再问你一个问题吗？"

"什么事？"

"如果你允许我问的话，请问你的军衔是什么？"

"猜嘛。"

"中尉？"

"不是。"

"上尉？"

"还要高些。"

"那么，你是少校？"

"是的！"

亚历山大大帝做出敬佩的样子，向他敬了礼。少校问：

"假如你不介意，请问你是什么官？"

"你猜！"

"中尉？"

"不是。"

"上尉？"

"也不是。"

"那么，你也是少校？"

"继续猜！"

"那么，您是部长或将军？"

"快猜着了。"

"殿……殿下是陆军元帅吗？"

"我的少校，再猜一次吧！"

"皇帝陛下！陛下，饶恕我！陛下，饶恕我！"

"饶恕你什么？朋友，你没伤害我，我向你问路，你告诉了我，我还应该感谢你呢！"

3. 听下面一段对话，并进行第三方转述。

主：喂，怎么称呼您？

客：哎，我姓杨。

主：噢，杨先生，您有什么问题咨询我们钟律师？

客：唉，我在天水打工差不多一年了没有拿到工钱。我到法院去，法院说劳动局搞那个仲裁，劳动局说啊，我们现在没有合同，没有那个合同，他停工的时候给我开了一张结账单，那个劳动局说没用……我就说……他说要我到法院去起诉。法院不受理，我现在很困惑，不知道究竟怎么办？

任务三
交谈

案例导入

案例1

台风过后，秘书小张跟总经理一起去机场迎接来自美国的客人。客人是公司的新合伙人，准备将一套先进设备放在公司，跟公司进行长期合作。为了教会公司的人操控这套设备，这次美国客人还带了一位工程师前来。在从机场回来的路上，客人问起台风的情况。没等总经理开口，小张就说："前几天，我们公司几乎被洪水淹没了，有的地方洪水差不多都没到膝盖了。"接着又说："那两天，我想如果出去的时候有只小船该多好。对了，隔壁的小刘那天还抓了好几条鱼呢！"回过头，小张发现总经理的脸色已经非常难看。

案例2

小马去朋友家找朋友，朋友的父亲热情地留他吃晚饭。吃饭的时候，小马和朋友的父亲大谈钓鱼的话题，整个晚餐的气氛十分融洽。小马说："叔叔，您是不是很喜欢钓鱼啊？给我们讲讲您最有趣的钓鱼经历吧。"朋友的父亲顿时喜笑颜开，和小马大谈特谈他出去钓鱼的有趣的事情以及"丰功伟绩"。饭后，小马告辞离开的时候，朋友的父亲还邀请小马有空和他一起去钓鱼，十分喜欢小马。朋友送小马出门，万分奇怪地问小马："你从来没见过我爸爸，你怎么知道我爸爸喜欢钓鱼的？哄得我爸爸这么开心！"小马说："我看见你们家有好几副钓鱼竿，而你又没有钓鱼的爱好，所以我猜你爸爸肯定十分喜欢钓鱼，就这样打开了话匣子！"朋友点点头，若有所思。

任务描述

两个案例结果完全不同，那么交谈有什么技巧呢？

相关知识

交谈是由两个或两个以上的人围绕一个或几个共同感兴趣的话题交替发言，相互承接，双向反馈，交流看法，以达到以沟通思想、愉悦神情为目的的口语表达活动。交谈是人类最普遍、最基本的口语表达方式，也是交流和沟通不能缺少的工具。亲人沟通需要交谈，求职、恋爱需要交谈，业务往来需要交谈，秘书工作中更不能缺少交谈。通过交谈，人们彼此了解，传递信息，增长知识，开阔视野，满足需求。交谈也是一门艺术，它和所有的技巧手段一样，也可以通过反复实践和不断总结来得到提高。

一、交谈的要求

交谈具有随机性，会话的双方由于临时受到对方发言的制约，在表达和理解方面都对心智提出了较高的要求。交谈时应采用日常口语，句子短小、简洁，浅显易懂，辅以神态、语境，使口语精练、传神。有的事物不言而喻，有的意思心照不宣，再加上绘声绘色的描述，举手投足，都以非语言的形式补充替代着双方会话中省略的语言成分。交谈的具体要求如下。

1. 语气真诚，不言不由衷

真源于诚，人际关系贵在真诚、恳切的至诚之心。"精诚所至，金石为开"，与人交谈时，这句格言也非常适用。在交谈中要做到语气真诚，相互尊重。要为自己说出来的话负责，不说言不由衷、不着边际的话。话要能说到点子上，能说到对方心灵深处；反之，如果情感是虚假的，则容易让人厌恶。

只有尊重对方，才能赢得对方对自己的尊重。面对一个尊重自己的人，人的内心就会由衷地感到欢快、亲近，并情不自禁地以同样的态度给予回报，甚至本来双方观点差距很大，但在对方尊重、亲近态度的感召下，可使矛盾淡化，问题变得容易解决，观点也容易被接受。

案例

某单位领导不幸去世，按政策规定，其家属的住房标准必须降低，工作人员准备了一套新居，前去劝说其家属搬家。没想到工作人员磨破了嘴皮，讲足了道理，该家属就是又哭又闹，死活不搬。单位秘书前去协调此事。秘书心想，晓之以理不行，那就动之以情试试吧！果然，秘书劝家属节哀顺变，说自己是代表单位其他领导来慰问的，并与家属聊起了该领导的一些往事，也随口聊起了家常话。其中有一句话触动了家属："您还是换个环境吧，不能再在这里睹物思人，整天以泪洗面了。我们都希望您能有一个快乐的晚年，这也一定是某领导的心愿啊！"该家属果然痛痛快快地搬进了新居。

名人名言：

和他人交谈半小时胜过独自沉思一天！

——培根

2. 注重交流，不口若悬河

在交谈中，说者与听者的身份双方都是兼而有之的，有时是你说我听，有时又是我说你听，这是一种双向性的言语交际活动。交谈双方互为听众，在一种共同的信息交换活动中，围绕共同话题，发表各自意见。在话题的提出、展开和完成过程中，双方需要互相配合、激发和补充。因此，交谈中切忌一方不顾对方的反应和感受，口若悬河，滔滔不绝。我们不仅要做一个好的谈话者，更要做一个好的倾听者。要学会让对方充分发表自己的意见，认真倾听对方的谈话内容，同时辅以适当的点头、微笑以及目光交流，让对方获得认同感。

名人名言：

交谈时的含蓄和得体，比口若悬河更可贵。

——培根

双向交流，需要理解、反馈。人的尊重和价值也只有在人际互动之中才能实现，而不可能自己独立表现。参与方要注意对别人的讲话及时回应，在听完对方的前言、后语之后，随其言辞所涉而谈。因为听不是一种完全被动、消极的态势，而是积极参与交谈、了解交谈双方的重要语言行为。

詹姆斯先生是一位计算机专家，他来中国讲学时，受到了热烈欢迎。有一次，在讲座中间休息的时候，大家在一起聊天，一位年轻的学者问道："请问挑战者号航天飞机究竟是因为什么原因坠毁的？"岂料詹姆斯支吾良久才说："很抱歉，我不太清楚……"这位年轻的学者得意地说："据我了解，是由于右侧固体火箭推进器尾部一个密封接缝的 O 形环失效，导致加压的热气和火焰从紧邻的外加燃料舱的密封处喷出，造成结构损坏……"同伴多次给他暗示，可他依旧口若悬河。詹姆斯是计算机专家，他对非专业的问题毫不关心，而这位年轻学者却没有让詹姆斯有话可说，导致场面极为尴尬。

3. 尊重对方，不随意打断

很多时候，在谈话过程中，一方兴致正浓，滔滔不绝。在谈话中，说话者都希望在自己讲话的时候，能够得到大家的注意和认同。所以，不要在别人认真谈论某件事情的时候，贸然打断别人。这会把原本属于别人的注意力吸引到你的身上。不要"劫持"别人正在说的话，先让人家说完，使其得到应有的注意和认同。所以，在这点上，需要平衡"听"和"说"。

打断对方谈话要看人，不要不讲对象地乱插话。朋友之间比较熟悉，不妨事；与上级领导就不能信口开河了，尽量以少打断为佳。不过事后你可将自己的意见，通过合理的方式反映上去。一般领导不会喜欢下属在自己谈话过程中乱发言。

案例

老李在自己的镇上盖起了一套三层的楼房，当房子三层刚封顶时，几个朋友来他家吃饭。席间，又来了一位专门安装铝合金门窗的个体户，与老李一见面就递了张名片。其实该个体户的店铺门面也在镇上，老李虽然见过他，不过二人没有业务往来。个体户与老李见面后，便开始推销自己的产品。听完个体户的介绍，老李说："虽然我们以前不认识，但通过我们刚才的一席话，我感觉你对铝合金门窗安装的经验很丰富，我也相信你能做得很好。不过在你来之前，我们厂里一名下岗钳工已经向我提起过这事了，说他下岗了，门窗安装之事让他来做……"老李的话还没说完，个体户便插话道："你是说那东跑西走的小张吧？他最近是给几家安装了门窗，但他那'小米加步枪'式的做法怎么能与我们比呢？"这话不说还好，一说便马上让老李改变了主意，他接着说："不错，他是手工作业，没有你们那些先进的设备。但他现在已下岗在家，资金不够丰厚，只能这样慢慢完善。出于同事之间的交情，我也不能不给他做！"

4. 音量适中，语调有起伏

声音在交谈中也是表现个人魅力的重要元素，在很多西方领导人训练课程中，声音的培训也是其中的一项内容。在与人交谈时，深厚、宽音域的声音能够让人觉得舒服，而尖利或者刺耳的声音会让人难以忍受。一般来说，交谈时保持抑扬顿挫的音调，可以让人觉得自己对正在交谈的话题很感兴趣；用平淡、乏味的声音来交谈，会让人有昏昏欲睡的感觉。陈述意见时，语调要尽量做到平稳中速，过于尖锐的声调会让人觉得难以忍受，而过于低沉的声调又让人听起来很累。

交谈时，还要注意运用适当的音量。音量太大会容易给人以气势逼人的感觉，让人反感；而音量太小又会使你显得不够权威，容易被人忽视。在特定的场合，还可以通过改变音量来引起对方的注意，加强表达的效果。一般问题的阐述应使用正常的语调，保持能让对方清晰地听见而不致引起反感的高低适中的音量。

案例

小芳是中文系的高才生，以优异的成绩毕业后，进入一家国有企业工作，担任总经理秘书一职。小芳做事认真，每天事无巨细都要反复确认，总经理对她的工作态度非常肯定。可是，在小芳做满一个月的时候，总经理突然将她叫到办公室，严肃地说："小芳啊，你做事真的很负责，也很有能力，可是在你担任秘书的这一个月里，好多来访的客户都向我反映，你态度冷淡，让他们感情上受到伤害。希望你能改一改，否则可能会被调离这个岗位。"小芳听后非常伤心，她知道客户误会了自己。小芳并不是对他们态度冷淡，而是自己说话的习惯就是声音很轻，讲话总是在一个语调上，非常平淡，导致客户以为自己是个态度冷淡、不欢迎他们的人。

任务实施

1. 用情绪感染兴趣不浓的交谈者

在第一印象形成过程中，情绪具有十分重要的作用。因此，我们应该重视与人交往时所表露出来的情绪，将好的信息传递给对方。好情绪是人际关系的润滑剂，特别是在与人交谈中，假如碰到了对自己谈话兴趣不浓的交谈者，好的情绪在此就显得尤为重要。交谈中，情绪会通过交谈者的姿态、表情、语言传达给对方，在不知不觉中感染对方——这就是心理学上说的情绪效应。所以，在交谈中，积极的情绪就会通过语言、表情等传递给对方，从而调动对方交谈的兴趣。

在交谈中，我们要善于使用幽默这种有效的武器，使人们对生活保持积极乐观的态度。许多看似烦恼的事物，用幽默的方法应对，往往可以使人们的不愉快情绪荡然无存，会立即变得轻松起来。

案例

莉莉是个爱美的女孩，每次经过一家首饰店总要看看有没有喜欢的首饰。这天她像以往一样来到这家首饰店，结果偏偏碰到一个刚刚挨经理批评的营业员。莉莉说："麻烦你把这条项链拿出来给我看看！"营业员眼皮也不抬地回答："看什么，你买得起吗？"这句话伤害了莉莉的自尊心，她伤心地回家了。电梯等了好久还不来，莉莉的情绪更糟糕了。这时，一个抱着一岁左右的男孩的母亲来到莉莉身边。这是个可爱的宝宝，对着莉莉手舞足蹈。母亲说："宝宝，看这个阿姨多漂亮，叫阿姨！"小家伙咧着小嘴甜甜地叫："阿姨，阿姨！"还伸手去拉莉莉的手。莉莉真正地被这个小男孩逗笑了，不愉快的心情一下变好了。

2. 适时补充对方表述不全的内容

在交谈过程中，如果发现对方的谈话有不够全面、不够深刻之处，可以抓住机会予以巧妙的补充，从而使交谈得到全面深刻的扩展。首先应肯定对方的观点，然后再谈自己的观点。不要把说话人刚说的观点扔在一旁不提，上来就做补充，这样会显得太唐突，说话人也会觉得你对他的观点不重视。即使对方的观点比较片面，也不要只说其片面性，只需肯定他正确的一面。

需要特别注意的是，千万不要为了显示自己的地位和高明，而胡乱补充。有些人好为人师，总想显得自己知道的比对方多，比对方技高一筹。出现这一问题，实际上是没有摆正位置，因为人们站在不同角度，对同一问题的看法会产生很大的差异。譬如你说北京降温了，对方马上告诉你哈尔滨还下大雪了。当然如果谈话双方身份平等，彼此熟悉，有时候适当补充对方的谈话也无大碍，但胡乱补充会严重影响交谈的效果。

案例

一家外资企业有位打工者，通过自己的勤奋努力，连续两次提出合理化建议，使该企业的生产成本分别下降30%和20%。大鼻子英国老板知道后十分高兴，把这位打工者叫到自己的办公室，喜笑颜开地对他说："小伙子，好好干，我不会亏待你的！"这位年轻人想了想，觉得这句话会出现两种可能性，可能意义非常重大，也可能不值一文。于是小伙子灵机一动，轻松一笑说："谢谢老板，我想您会把这句话放到我的薪水袋里去的。"英国老板爽快应道："会的，一定会的。"不久，小伙子就得到了一个大红包以及加薪奖励。

3. 适当插话以延续交谈

认真地倾听是决定交谈能否顺利进行的必要条件。倾听者不要随意打断或中止说话者的谈话。如果有问题需要讨论，应该在谈话间歇或在某一问题告一段落时，将自己的想法以探讨和研究问题的口吻提出来，而且话语要极其简短，切不可自以为是。这既是一种谈话的礼貌，又有助于完整地听取对方的阐述。可以适时地说"真有意思""讲得真好"等来串联交谈的内容。也可以说"那你当时一定……""原来是这样，那你能谈谈其中的原因吗？"等来延续交谈。

恰当掌握插话时机，会使交谈对方产生一种愉快的感觉。人们在交谈时的目光和动作会告诉你，何时应该保持安静，何时可以作出反应甚至插话。若是时机掌握不好，在对方讲得正起劲时，你说了些自己觉得必要的话，表面上获得了高谈阔论的机会，实际上却失去了激励别人表达的机会。每个人叙述事情、论证观点时，都有自然的停歇，这时就是插话的好时机。反应快的人还可以在脑中整理一番，再插话。在留意说话者的目光和动作的同时，要注意对方的提示，说话者既希望有人听他讲话，更希望听者对他的讲话做出反应。这种愿望会通过询问来表现，如"您觉得如何？""不知道您有什么高见？""能听听您的看法吗？"这些都为插话时机的选择提供了帮助。

案例

小王是刚刚走上工作岗位的应届大学毕业生。中秋节，单位请员工们吃饭。席间，小王见到了许多平时没什么机会见面的前辈。坐在小王旁边的是一位和蔼的、有丰富工作经验的大姐。大姐看小王很腼腆，甚至有点孤单，想通过聊天让小王慢慢融入到这个大家庭中来。大姐主动和小王打了招呼，聊了聊单位的大致情况，看到小王渐渐打开了话匣子，只是还不够放得开。这时大姐又插了一句，说："我知道你是计算机专业的高才生，我女儿今年刚上大一，学的也是计算机专业，你能跟我说说你学好这个专业的经验吗？我可以回去向我女儿传授传授！"小王听了这话，和大姐开心地谈起了自己的经验。

4. 暂时搁置对方有意回避的话题

交谈的内容是交谈是否顺利的关键所在，丰富和充实交谈的内容是实现交谈语气效果的根本前提。社交场合中，话题是核心，交谈总是围绕某个话题展开的。选对了话题，交谈才能顺利进行，见什么人说什么话，任何交谈，都离不开特定的对象。要使交谈达到既定的目的，必须知己知彼，有的放矢，要根据交谈对象的实际情况，有针对性地确定交谈的内容和方式。一般来说，可以选择以下几种话题。

（1）选择天气、交通、物价等大众化的话题，开始双方的谈话，是最稳妥、最有效的。这些涉及人们日常生活中的事情，人人都能张嘴说。

（2）近期发生的重大国际时事，恐怕不会有人不知道。在资讯发达的今天，人人都能轻松地了解在世界范围内发生的大事，可以以此为话题。

（3）选择兴趣爱好。几乎每个人都有兴趣、爱好，有人喜欢钓鱼，有人喜欢爬山，有人喜欢打球。在交谈中，要注意观察、寻找对方感兴趣的话题或者双方都感兴趣的话题，找到契合点，激发双方谈话的兴趣和欲望。

（4）可以选择目前正在流行的、大家都很有兴趣的热门话题。比如，某个明星新拍的电影，网络上流行的经典笑话。这种话题，无伤大雅，能够活跃谈话气氛，是一个很好的选择。

　　交谈中不要涉及对方的隐私，比如女士的年龄、男士的收入、所买东西的价钱、家庭财产、为什么不结婚、为什么离婚等；不谈论令对方不愉快的事情，比如疾病、死亡以及荒诞离奇、耸人听闻的事情；不与外宾谈论其所在国的内政；不与教徒随便谈论宗教信仰问题；不与有不同风俗习惯的人争论风俗习惯问题；不谈论对方忌讳的话题，比如不要守着残疾人说"残废"，守着胖子说"肥猪"；遇到对方不愿回答的问题不要追问，谈论到对方反感的问题，应表示歉意并搁置话题，甚至应该转移话题。

任务四
问答

案例导入

　　亚伯拉罕·林肯接手的第一个案子，是一名叫盖瑞森的年轻人被指控在 1837 年 8 月 9 日晚上的野营布道会上枪杀了克拉伍，目击证人是苏维恩。作为盖瑞森的辩护律师，亚伯拉罕·林肯在法庭上一言不发，直到默默听完目击证人的证词，法庭已渐渐平静下来的时候，才缓缓开始提问：

　　林肯："在看到枪击之前你与克拉伍在一起吗？"

　　证人："是的。"

　　林肯："你站得非常靠近他们吗？"

　　证人："不，约有 20 米远。"

　　林肯稍微沉默了一会，继续问道："不是 10 米吗？"

　　证人犹豫了一下，又接着说："不，有 20 米或更远。"

　　林肯："在宽阔的草地上？"

　　证人："不，在林子里。"

　　林肯："什么林子？"

　　证人："榛木林。"

　　林肯："在 8 月里，榛木林的叶子很密实吧？"

　　证人："是的。"

　　林肯："你认为这把手枪就是凶手当时用的那把吗？"

　　证人："看起来很像。"

　　林肯："你能看到被告开枪射击，那么能看到枪管的情形吗？"

证人："是的。"

林肯："这距离布道会的场地有多远？"

证人："750米。"

林肯："灯光在哪儿？"

证人："在牧师的讲台上。"

林肯："有750米远吗？"

证人："是的，我已经回答你两遍了。"

林肯："你是否看到克拉伍或者盖瑞森所在之处有烛光？"

证人："没有，要烛光干吗？"

林肯："那么，你怎么看到的这起枪击事件呢？"

证人："借着月光呀！"

林肯："你在22点看到枪击；在榛木林里；离灯光750米远；你看到了手枪枪管；看到那人开枪；你距离他有20米远；你看到的这一切都是借着月光？离营地的灯光几乎一里之外看到这些事情？"

证人："是的，我之前都告诉你了。"

听完了证人说的最后一句话后，林肯从大衣口袋里拿出了一本天文历，翻到其中的一页高声念道："1837年8月9日晚上根本看不到月亮，月亮是在次日的凌晨1点才升起的。"

任务描述

如何把握适当的时机进行提问？

相关知识

在日常生活中，我们总会遇到这样的事，即向别人提问或者回答别人的提问。提问和回答构成了人们最基本、最重要的语言交际活动形式。通过提问和回答，人们能获取信息、交换意见、交流思想、沟通感情、增进彼此之间的了解。提问和回答就像抛球游戏，提问像把球抛出去，回答就像把球接起来。球抛得好，才能稳稳接住，游戏才能继续进行。你一定希望自己的提问或者回答能够让对方满意，同时也让自己满意。

一、提问的技巧

"问题提得好，好像一颗石子投入平静的水面，能激起思维的浪花。"这句话直接道出了提问的重要性。通过提问，能够使人受到点拨，得到启示。然而，在语言交流中，提问是否有价值、提问的时机是否恰当、应当如何提问、提问的效果如何，都是应该注意的问题。

1. 提问的内容要贴切

提问需要结合对方的谈话内容，来提出相关的问题，所有的问题都必须紧紧围绕谈话的主题。如果你提出的问题与对方的谈话内容无关，或者关系不大，对方会认为你没有认真倾听，从而对你产生不好的印象或者某种误解，对双方的有效沟通和人际关系也会有负面影响。

提问的数量不可过多，如果你提出的问题没完没了，肯定会使对方应接不暇而产生厌烦。当然，问题也不可以太少，如果没有什么问题，对方因得不到相关的信息反馈，同样会对你的倾听效果和态度产生疑问。因此，提问时可以依据问题的相关内容和逻辑关系把它们整合在一起，也可以把自己对谈话内容（尤其是对方）的理解用问题的形式表达出来，以得到对方的确认。

同时，还要特别留意，自己所提出的问题，应该是对方能够回答、愿意回答的，千万别问对方根本无法回答的问题，让对方觉得无奈甚至是失败，从而使交流陷入绝境。

案例

美国好莱坞影片《乱世佳人》让女主角费雯·丽一举成名。这部电影获得了 11 项奥斯卡提名。当在欧洲巡演的时候，费雯·丽的班机降落在伦敦停机坪上，成千上万的记者在下面等着。其中有一位记者，很激动地冲到最前面，采访刚刚走出旋梯的费雯·丽，说："请问，你在这部电影里面扮演了什么角色？"

听了这一句话，费雯·丽转身就进了机舱，再也不肯下来了。费雯·丽之所以会生气地转身回了机舱，就是因为一举成名后的她，满心欢喜地认为，那些蜂拥而至的记者们，都是她的影迷，是因为喜欢她的表演，才来机场迎接的。可她怎么也没想到，这个冲在最前面的人，连她扮演了什么角色都不知道，这实在是太打击费雯·丽的自尊心了。

2. 提问后应对答案表现出兴趣

当我们提出一个问题后，自己就要表现出迫切需要对方给出答案的样子。这样，既说明我们谦虚好学，又使对方感到我们确实尊重他（她）。等到对方回答之后，再问下一个问题，这样的连续提问法有时会产生戏剧化的效果。如果我们提出问题后，表现冷淡，容易让对方产生误解，以为我们提出问题是拷问他（她），这样交谈的氛围就不和谐，甚至交谈不下去。如果不等对方回答，频频发问，无休无止，也会让对方无所适从，由此三缄其口。

案例

赵东升是上海电视台的一名记者。在他刚开始做记者时，曾采访过一名华裔英国女运动员，由于了解到她的老家在北京，所以在采访时赵东升连续问道：

"您父亲是北京人吗？"

"您这次打算去北京吗？"

"您准备去看望在北京的亲戚吗？"

面对记者提出的一连串问题，运动员只简单地回答了"Yes"或"No"。为了能了解更多的信息，赵东升不得不转换了提问方式，问道："您准备怎样把北京亲戚的问候带到英国去呢？"面对这个问题，运动员滔滔不绝地谈了起来。赵东升这才如愿地了解到她的很多想法，对这名运动员有了一个比较全面的认识，这次采访也因后一种恰当的提问方式而获得了成功。

3. 讲究提问的方式

一个人的才智不仅表现在他的知识和智慧方面，很大程度上还取决于他说话的方式和态度。

读一读：

一名教士问他的上司："我在祈祷的时候可以抽烟吗？"这个请求遭到了上司的断然拒绝。另一名教士也去问这个上司："我在抽烟的时候可以祈祷吗？"抽烟的请求得到了允许。

讲究提问方式，应该避免盘问式、审问式、命令式、通牒式等不友好、不礼貌的问话方式和语态语气。如果氛围紧张，有些人会对他人的行为、语调或话语产生防卫心理。解决的方法是使用开放性、友好的问句代替"为什么"型的问句。简单问一句"为什么"，容易被人看成是威胁性的。因此，我们要避免用"你为什么没有准时到？我们误点了"这种表达形式，而应该采用："由于你没有准时到，我们误了车。以后有类似情况，麻烦你事先通知我们一声，好吗？"

案例

总经理在南京进行一场商务谈判，与对方谈了一个星期，还是没有结果。秘书小王不知道总经理是不是想放弃，又不能直接问。于是，他对总经理说："服务台小姐刚才打来电话，说她们也有预订机票的服务，问我们是否需要，我们要不要现在答复？"总经理想了一下，说："问一下能不能订后天的。"小王于是了解了总经理的想法，做了返程的准备。

案例

北京市某路电车优秀售票员王桂荣，非常懂得委婉用语的奥妙。有一次，一位男性乘客要下车，于是她请对方出示月票。结果那名男子顿时慌张起来，看到这种情形，其他乘客有的指责，有的嘲笑，而王桂荣此时却温和地问道："您是不是把月票忘在家里了？"听她这么一说，那名男子顿时如释重负，立刻说："对，对，我补票。"她给那名男子补了票，又语重心长地说："您下次可得注意啊！"那名男子连连回答："一定注意！一定注意！"话语里充满了感激与内疚之情。

任务实施

那么，我们应该如何像林肯那样呢？

把握适当的时机进行提问

从礼仪的角度来讲，在什么时候、什么情况下提问，是很有讲究的。这中间包括适合的时间、地点和场合。在交谈中，如果遇到某个问题未能理解，一定不要着急，应在双方充分表达的基础上再提出问题。过早提问会打断对方的思路，显得很不礼貌；同样，如果某个话题已经结束了很长时间，你再反过来提问，对方的思路会被打断，认为你没有认真倾听，并且也会延长沟通的时间，势必对你的沟通产生不好的影响。一般情况下，在对方将某个观点阐述完毕后应及时提问。当然，这并不意味着反应越快越好。

任务拓展

回答的技巧

回答是为了很好地互通信息，将自己的想法借助别人提问的机会巧妙地表达出来，或对对方提出的问题给予回答，达到加深情感、解决问题、提升沟通质量，通过互动做到平时做不成的事情。如何回答别人提出的问题，也是一门学问。在正常情况下，一问一答，几乎没有什么难度。但是，对于那些突如其来的问题，或是不便回答、无法回答的问题，如何巧妙地应答，需要掌握一些技巧。

1. 迎合对方的话题，用独到的见解表达

在生活中，我们不可避免地会听到一些不愿意听到的话，比如"这条裙子好像不配你穿""听说你换了一份新工作，是你爸爸安排的吧？"等。对这类话题，我们很容易陷入反唇相讥的恶性循环。其实这是大可不必的，我们完全可以迎合对方的话题，抓住其中对自己有利的方面，发表自己的独特见解，置对方于尴尬之中。

案例

有一次，在中外记者招待会上，一个外国记者别有用心地问王蒙："请问，20 世纪 50 年代的你与 80 年代的你有何相同与不同？"

这里，这位记者的用意是路人皆知的。王蒙当时也十分清楚。只见他不慌不忙地抬起头，从容不迫地回答道："50 年代的我叫王蒙，80 年代的我也叫王蒙，这是相同之处。不同的是，那时我 20 来岁，而现在我则有 50 多岁了。"

王蒙用极其简洁明了的语言，避实就虚地回答了这样一个不便回答的问题。对方分明是要王蒙比较自己在两个不同历史时期个人的政治遭遇、命运的异同，他却故意转移为对姓名、年龄等异同的比较，这样不仅显得机敏、得体，而且使自己摆脱了困境。

2. 绕开对方的话题，转换角度回答

刁难性的问话，其内容大多是模糊的，有时甚至是很荒诞的，所以往往会导致答者按常规思维很难回答。可是，又不能说"不知道"或者拒绝回答。遇到这种情况，不妨在分析清楚对方用意的前提下，先设定一个条件，给问话者一个出其不意的回答；可以用曲径通幽的方法，或将问题反弹给对方，让提问者自己去解答；或者巧妙地绕开话题，转换角度谈与之相关的话题。当然，这个转换的话题要自然合理，要善于敏感地、准确地捕捉眼前的事物来进行发挥，这样会起到意想不到的作用。

案例

在一次小型的联欢会上，观众席中有一个人问赵本山："听说你在全国笑星中出场费是最高的，一场要 1 万多元，是吗？"

赵本山回答说："您的问题提得很突然，请问您是哪个单位的？"

"我是大连一个电器经销公司的。"那位女士说。

"你们经营什么产品？"赵本山问。

"有录像机、电视机、录音机……"女子回答道。

"1台录像机卖多少钱？"

"4 000元。"

"那有人给你400元，你卖吗？"

"那当然不能卖，一种商品的价格是由它的价值决定的。"那女性非常干脆地回答他。

"那就对了，演员的价值是由观众决定的。"

案例

阿凡提的故事之一：说的是有一天，国王指着一条河水问阿凡提："阿凡提，这条河有多少桶水？"

阿凡提回答道："如果桶的容量有河这么大，那么就只有一桶水；如果桶的容量只有河的一半大，那么就有两桶水……尊敬的国王陛下，您说对吗？"

国王无语。

3. 针对对方的话题，用委婉的方式巧妙回应

有时对方的问题很不好回答，或者说对方的问话很不友善，有的问题你感到可能是一个圈套，回答可能会上当，不回答又有失风度。如果被人问到不想回答的私人问题或让你不舒服的问题，可以微笑着跟对方说："这个问题我没办法回答。"既不会给对方难堪，又能守住你自己的底线。有时也可以顺水推舟，顺着提问者的话题说，但得出的是一个相对荒谬的答案，这样既缓和了气氛，又使对方觉得无趣。

案例

中国足球前教练米卢很健谈。在一次新闻发布会上，有一个记者问米卢："法国队前主教练雅凯曾经说过，永远不会原谅反对过他的记者，你怎么看？"

米卢回答："我最大的优势就是不懂中文，类似的话我什么都没听到。"

案例

1991年10月，英联邦国家举行首脑会议，曼德拉应邀参加。在一次记者招待会上，一位年轻的白人记者问曼德拉："南非局势这么乱，黑人参政到底有多大希望？"对于这样的提问，本来应该生气的曼德拉竟然十分亲切地回答："小伙子，我的年龄是你的一倍多，但我比你乐观得多，你为何如此悲观呀？"此言一出，全场哄堂大笑。

4. 借用对方话题，用幽默的方式进行化解

幽默是表示"不"的最佳方法，有很多问题，我们不想回答，或者很难回答，就可以以某种巧妙的又非逻辑的幽默方式进行回答，给大家一个新颖的、独特的答案，从而摆脱困境，变被动为主动。

案例

有一次，削瘦的萧伯纳遇到一位大腹便便的商人。商人想借机奚落萧伯纳，便说："人们看见你，就知道世界现在正在闹饥荒。"萧伯纳不慌不忙地予以回击，说："人们看见你，就知道闹饥荒的原因了。"虽然他只是在别人的原话里加上几个字，但经过这样的

改动之后，谁都能读出话中对商人唯利是图、为富不仁、奸诈狡猾的无情揭露与针砭意味。这样的"妙答"真是大快人心。

案例

在 1972 年 5 月维也纳的一次记者招待会上，《纽约时报》的一名记者向美国前国务卿基辛格提出苏美会谈程序的问题："请问先生，您到时是打算点点滴滴地宣布呢？还是来个倾盆大雨，成批成批地发协定？"基辛格停了一会儿，一字一句、一板一眼地回答道："到时候，我们打算成批成批地发表点点滴滴的声明。"会场顿时哄堂大笑。

任务五
接打电话

案例导入

案例 1

电话铃响，乙接起电话。

甲："喂，张明在吗？"

乙："不在。"

甲（火急）："他怎么会不在？"

乙（生气）："我怎么知道。"

甲（尴尬）："那，那我跟你说可以吗？"

乙："对不起，你还是等会儿找张明吧。"

"啪！"电话摆下了。

案例 2

电话铃响，乙接起电话。

乙："你好，这里是龙发有限公司。"

甲："你好，请问张明在吗？"

乙："对不起，他不在。"

甲："哦，小姐，那我跟你说也一样。我是振兴文具用品公司的，我们……"

乙："好的，请说吧。"

任务描述

模拟场景,进行电话接听。

相关知识

随着科学技术的发展和人们生活水平的提高,电话的普及率越来越高。人们离不开电话,每天要接打大量的电话。许多事情都要通过电话来商谈、询问、通知和解决。看起来,接打电话很简单,对着话筒同对方交谈和当面交谈一样。其实不然,接打电话大有讲究,可以说是一门学问、一门艺术。

一、接打电话的要求

作为秘书,接打电话是与他人沟通的重要途径之一。电话礼仪和电话用语对秘书来说极为重要。因为电话双方都是只闻其声不见其面,语言就是双方表达内容和情感的唯一手段。能否给对方留下一个良好的印象,完全依赖于谈吐技巧。因此,接打电话是展示秘书口才的重要"窗口",只有明确其中的要求和相关技巧,才能让自己的语言充满魅力,促进合作的成功。

1. 态度要亲切、和蔼

当我们打电话给某单位时,若一接通,就能听到对方亲切、和蔼的招呼声,心里一定会很愉快,对该单位就能留下较好的印象。因此,秘书接打电话时,应有"我代表单位形象"的意识,力求声音亲切悦耳,吐字清晰。虽然面对着的只是一部电话机,但需在想象中看见那个接电话的人,好像正在面对他(她)一样。有些人做不到这一点,平时对人还不错,可是一打电话声音和态度就机械、单调,甚至粗声恶气,像吵架一样,让人听起来很不愉快。这是因为他(她)没有运用想象力,不能做到像双方面对面谈话那般亲切、有礼。

接打电话时,还应该保持良好的心情,态度要诚恳,这样即使对方看不见你,也会被你欢快的语调所感染,对你留下极佳的印象。面部表情会影响声音的变化,所以即使是在电话中,也要抱着"对方正在看着我"的心态去应对。

案例

秋季开学前两天,某中学一位老师给一位将入学的新生家里打电话,告诉学生自己姓郑,是班主任,她打电话代学校通知学生报到的时间及有关事项。学生接到电话后,一直兴奋不已,马上打开某中学网站,搜索姓"郑"的老师的情况。因为她从电话里觉得老师很亲切,并希望早点见到这位印象很好的陌生老师。

案例

几年前,重庆一家刚起步的私营文具公司要求员工注意通过电话塑造公司的形象,效果就很好。一次一位记者因拨错号码,将电话打到该公司,记者竟不知不觉地为接电话人的客气、热忱所感动、吸引，与对方交谈了十来分钟，最后挂上话筒时才深感"上当"，但该公司的影子却深深留下了。后来，这位记者无意中路过该公司，忍不住进去拜访了一下，发现其员工素质果然不低。这使记者深受感动和启发，回去后马上写了篇报道。报道发表后，这家私营文具公司的知名度和美誉度大大提高，生意越做越红火。

2. 表述要迅速、准确

听到电话铃声，即使业务繁忙，也应准确迅速地拿起听筒，最好在 3 声之内接听。电话铃响一声大约 3 秒钟，如果长时间无人接电话，或让对方久等是很不礼貌的。对方在等待时心里会十分急躁，从而对我们留下不好的印象。即便电话离自己很远，附近没有其他人时，听到电话铃声后，也应该用最快的速度拿起听筒，这样的态度是每个人都应该拥有的，更是每个办公室工作人员都应该养成的行为习惯。如果电话铃响了 5 声以后才拿起话筒，应该先向对方道歉。如果电话响了许久，接起电话只是"喂"了一声，会令对方十分不满，给对方留下不好的印象。

案例

有一天，某单位负责人向人事部经理打电话，电话响了很久听到"无人应答"的提示语后，负责人重新又打了一次电话，还是"无人应答"。当经理发现未接来电后马上回拨负责人电话，负责人不满地说："本来电话通知你出去考察疗养，现在名额让给其他人了。"经理因没能及时接听电话，既挨了批评又失去了疗养机会。

在信息表述中容易产生歧义的地方，要及时地与对方沟通，以便充分了解对方的真正想法。对方说的某一句话可能存在着两种或多种理解，如果自以为是，只按照自己的想象去理解，就必然容易产生误解。所以一定要及时地与对方进行交流，澄清事实。如果电话中对方说的话很重要，最好准备纸和笔，重要的内容，比如时间、地点、联系事宜、需解决的问题等，应简明扼要地记录下来，同时对着听筒重复对方的话，以检验是否理解得准确。

案例

总经理室电话铃响，秘书小胡抓起听筒报了一声"喂"，对方便说"请老王听电话"。该公司的总经理即姓王，小胡不敢怠慢，赶紧把听筒递给了他。王总经理刚一开口，对方便是一顿责怪。王总经理觉得奇怪，便询问对方的身份。一番口舌之后，才明白这是一场打错电话所造成的误会。事后，王总经理狠狠地批评了小胡。但是，小胡却认为，打错电话乃区区小事，不必小题大做，自己不过是转接电话，并无过错。作为秘书，小胡的看法显然有失偏颇。

3. 声音要清晰、简洁、明了

在打电话时，由于我们的姿态、笑容、表情和动作，对方完全看不见。因此，我们的善意、亲切、好感，完全依靠语言和声音来传达。不要拿腔拿调，应该声调适中，语气柔和沉稳。接打电话，语言要简练、清楚、明了，不要拖泥带水，浪费对方时间，引起对方反感。例如，回答对方的问题不清不楚，似是而非，比如"噢，好像是听说过，现在也说不清了，你再打一次电话也行，不打也行"等，不能给对方简洁明了的信息，会让对方对你，甚至对你的单位产生不好的印象。

案例

公司将要召开销售会议，小季正在为总经理整理会议材料。突然电话铃响了，小季放下手头工作，提起话筒："您好，这里是海天公司。请问有什么需要帮忙的吗？""你先猜猜我是谁。"对方不紧不慢地回答小季。小季心里着急，但还是很有礼貌地重复了一句："这里是海天公司。请问有什么需要帮忙的吗？""猜不到吧？"对方得意地说。小季实在没有时间与对方玩捉迷藏，直接问："请问你需要找哪位？""我是小施。""你好，小施。请问有什么需要帮忙的吗？""我想问一下，公司经理在吗？"

这个案例中的小施打电话的本来目的是了解一下公司经理是否在，如果能做到简洁明了，只需一句话就行了，却绕了一个圈，耽搁了小季的手头工作。

4. 明确通话目的，懂得有效沟通

不管是拨打电话还是接听电话，都必须明确通电话的目的，这就是懂得有效沟通。如果是接听电话，了解清楚来电的目的，有利于对该电话采取合适的处理方式。比如，本次来电的目的是什么、是否可以代为转告、是否一定要指名者亲自接听、是一般性的电话行销还是电话来往等问题，接听者都要用心弄明白，不能因为不是自己的电话而心不在焉。如果是拨打电话，必须明确电话的内容和通过电话要达到的效果。要做到这一点，可在打电话前在心里组织一下通电话的内容，或将主要内容写在纸上，这样沟通就能达到良好的效果。

读一读：

9种有效电话沟通方式

1. 接到领导不愿意接听的电话（装做领导不在）
2. 被问到公司的业务隐私（婉拒）
3. 领导不在时（进行记录）
4. 对方语气令人不解（引导对方）
5. 对方在电话里怒气冲天（缓和气氛）
6. 对方对一个问题喋喋不休（加以概括）
7. 电话线路突然中断时（直接说明）
8. 对方说话离题万里（将话题拉回）
9. 通话过程受到干扰（向对方道歉，解释）

一般来说，打电话要注意"5W1H"，即要懂得 Why（原因）、When（时间）、Where（何地）、Which（哪一个）、What（什么）、How to（怎么做）。也就是说，在打电话前就应该明了这些内容，从而适当地组织腹稿，做到主题集中，观点鲜明。同时，语言表达简练、陈述清晰、扼要、有条理，对方也就非常容易接受你的电话内容。

二、接打电话的技巧

1. 礼貌的开场白

拿起话筒后应主动自报家门，并首先向对方问好，如"您好！您找哪位？"在单位，拿起话筒后应立刻报出公司或部门名称，如"您好，这里是某某公司……"。如果拿起电话张口就问："喂，找谁？干吗？"这是很不礼貌的，应该彬彬有礼地向客户问好。

如果来电要找的人不在或因开会不能接电话，秘书可有以下3种选择：

第一，如果知道上司何时回来，可以告诉对方到时再打过来。如"很抱歉，刘海先生正巧不在，您过一会儿再打来好吗？估计他9点钟左右回来"。

第二，可请对方留下姓名和电话号码，等上司回来后再同他联系。如"请您留下电话号码好吗？这样刘经理可以给您回电话"。

第三，可询问对方是否愿意与其他人通话，但要告知对方你要转给的人员和部门，并征求对方同意。如"关于合同一事，你想同其他人谈一谈吗？我们的销售部马经理正在办公室，要不要我把你的电话转过去？"

案例

"喂，你给我找一下×××。"一位先生有急事给某客户打电话，拨通电话后，高声地让接电话者去找人。正好那天接电话的秘书心情不佳，听到这种电话心情更是不爽。而且秘书也知道他要找的人正在开会，这时也不能接听电话。于是接电话的秘书不高兴地说："他不在。"随即挂掉了电话。这位先生也不知道客户到底干什么去了，什么时候才能打电话找着人，急得像热锅上的蚂蚁。

如果是自己主动打电话找人，听到对方一接电话，秘书就要恭敬地再打一次招呼。与对方商量事情不能只考虑自己是否方便，而是要问对方是否方便。有的公司希望一上班就接这样的电话，以便能有一整天时间可做其他事情；而有的则宁愿在一天工作即将结束的时候再接这样的电话。如果想定期和对方进行这种讨论，应征询对方定在哪一天、哪一个钟点更为方便。这样做，既是为了使对方能定下心来与你从容讨论，同时也是个风度问题。在别人正忙时去电话是很不礼貌的行为，明明需要占用15分钟，切不可只说："可以占用你几分钟时间吗？"应该说："王涛，我想和你谈谈分配方案的事宜，大概需要15分钟。现在你方不方便？"有时候，你可能只是为了和对方约定一个对双方都方便的时间再去电话，但如果听到对方说"现在就行"，你就不宜再推迟。如果不得不在对方不方便的时候去电话，应当表示歉意并说明原因。

案例

一位先生给远在俄罗斯留学的王姓朋友打电话，这位朋友居住在一个俄罗斯人家里。因为这位先生不会俄语，他打电话时，听到俄罗斯主人接起电话时，就一个劲儿地叫："王、王、王。"俄罗斯主人听到如此问候，非常生气，事后问他的王姓朋友："中国人打电话都这么没礼貌吗？"俄罗斯主人由此对他的王姓朋友也产生了看法。实际上，这位先生说一句英语，比如"Hello，how are you？"就能解决问题。

2. 语调要谦和，语速要适中

接打电话的语速快慢要适中，要根据不同的通话对象，恰到好处地掌握讲话速度。对有急事的通话人，不能给人一种慢条斯理、故意拖延时间的感觉；对老年人或用语言不易沟通的通话人，要适当放慢语速，以期达到明白无误的目的。接打电话的语调要柔和，表现出谦虚和气的修养，因为你是热情还是心不在焉全都会通过说话语调暴露出来。说话应稍慢而清晰，要注意措辞。说话时要面带微笑，使声音听起来更为热情。语调要平稳、安详，不可时而细语时而高声大叫，更不能陡然提高音调。

案例

一位公司的总经理助理给城外分公司的一位专家打去电话，请他参加总公司的会议，那位专家听后立即说道："为什么我要跑这么远去参加这个会议呢？"助理回答说："您是这方面的专家，而且我们讨论的问题恰巧在您的研究范围之内，因此如果您能光临，会对我们有很大帮助。"听了这些话，那个分公司的专家当时就改变了态度，说："好的，我会准时参加的。"

3. 措辞要礼貌、有分寸

接打电话时，措辞和用语都要切合身份，不可太随便，也不可太生硬。要多用"请"字，要多用委婉语气，比如"是否""行吗"和"不过"等之类表示商量和轻微转折的语气。即使电话交谈中出现意见分歧，也不能不讲礼貌训人、骂人，更不能以牙还牙、盛气凌人，或随意打断对方说话，只顾自己一口气说话。

称呼对方时要加头衔，如"博士""经理"等。有的妇女喜欢被称为"小姐"，就不要用"夫人"来称呼。切不可用"亲爱的""宝贝"之类轻浮的言语。无论男女，都不可直呼其名，即使对方要求如此称呼，也不可用得过分。

读一读：

电话用语对比

不恰当的电话用语	正确的电话用语
喂！	喂，您好！
找谁呀？	您好，请问您找哪位？
我找×××。	麻烦您帮我找一下×××。
他不在这儿。	对不起，他不是在这儿的，他在×××办公室，电话号码是×××××××。
他不在。	对不起，他现在不在，有事需要我转告吗？ 对不起，他现在不在，请您过会儿再打过来。
有事吗？	请问您有什么事？
这样不行。	对不起，这样恐怕不行。
没听清，再说一遍。	对不起，刚才没听清，麻烦您再说一遍。
大声一点。	对不起，声音能再大一点吗？
打错了。	对不起，您打错电话了。
清楚了吗？	我刚才说的您听明白了吗，要不要我再说一遍？

说"你"字开头的话时应慎重。像"你忘了""你必须""你忽略了"之类的话，即使语调再平和，在电话中听上去也使人有被质问的感觉。提意见时，不妨用问句让人选择回答的形式，比如"您能不能在星期四把那份材料送来？"或"那份报表您搞完了吗？"等；或者用"我"字开头，如"我星期四需要那份报告。"

接听电话时，最好插用一些短语以鼓励对方，如"嗯，嗯""我明白""我理解"，或"好，好"等。对对方的要求做出反应或对方提出要求时，态度应积极而有礼貌，如"我将乐于关注那件事"或"请别忘了……"，等等。

4. 礼遇错打的电话

接到错打的电话也应该礼貌应对。接到错打的电话，人们很容易忽略礼貌问题，甚至很粗鲁。这是因为人们认为错打的电话与自己没有关系。事实上，并非错打的电话都必定与自己没有关系，有时，对方也恰恰是与自己有重要关系的人。因此，接听电话时，最好对每一个电话都保持礼貌，保持良好的接听态度，要委婉告知，比如"您拨错号码了，这里是××"。

案例

小林是某厂办公室秘书，有一次他正在办公，突然电话铃响了。此时林秘书正在整理文件，停了一会儿才拿起电话问："请问你找谁？"对方回答说找老何，林秘书随即将话筒递给邻桌的何秘书说："何秘书，你的电话。"没想到，何秘书接到电话没讲几句，就和对方吵了起来，最后何秘书大声说道："你今后要账时，先找对人再发火。这是办公室，没有你要找的那个何鹏飞！"说完就挂断了电话。

原来，这个电话是打给劳资科何鹏飞的，结果错打到了办公室，而对方只是含糊地说找老何，小林误以为要找何秘书，结果造成了这场误会。其实，如果何秘书有点礼貌就不需要吵架了。

5. 挂机前的礼貌用语

在每次通话结束前，挂电话的一方应该主动说些礼貌规范的结束语，可以询问对方"还有什么事吗？"或者问"还有什么要吩咐吗？"这一类客套话，既是表示尊重对方，也是提醒对方，让对方结束对话。这虽然不是大事，却有助于判断对方是否故意拖延时间。可以以征求意见的方式提出，如"就谈到这里，好吗？"也可以用规范的结束语，如"很高兴与您通话，我们希望能尽快见到您，再见！""谢谢你的来电，××先生，再见！"如果所在单位或部门规定了标准的通话结束语，则应在每次通话结束前使用这句结束语，切不可正题刚讲完便"啪"地一声挂上电话，使对方措手不及。

当对方向你说"再见"时，别忘了我们也应该说"再见"，并等对方挂了以后再挂电话，最好不要一听到对方说"再见"就马上挂电话，尤其不能在对方一讲完，还没来得及说"再见"就把电话挂了。若确需自己来结束通话的，应解释，致歉。通话完毕后，应等对方放下话筒后，再轻轻地放下电话，以示尊重。注意挂电话时应小心轻放，别让对方听到很响的撂机声。

案例

公司秘书刘玲应总经理的要求，邀请一些专家到公司开会。在与陈部长结束电话沟通前，刘玲说："陈部长。那我们这次就说好了，请您下个星期一参加我们单位的专家论证会。如果没有记错的话，我应该让司机于下星期一早晨8点到您家楼下，接您过来。"陈部长连连说："好的好的，我下星期一一早在家等司机来接我，再见。"刘玲也礼貌地说："再见。"并等陈部长挂电话后轻轻地放上电话。

　　物资商厦业务员给秋水服装公司总经理打电话，准备洽谈一批服装的进货事宜，偏巧总经理不在。如果你是经理办公室秘书，你准备怎样接听这个电话？

　　以下为办公室上班的模拟情景，学生以秘书身份模拟内容如下。

　　第1个电话：对方要找人事部王经理，秘书告知王经理不在的情景。

　　第2个电话：对方打错了电话，秘书的应对。

　　第3个电话：对方询问公司新产品的情况以及要转接的电话。

　　第4个电话：秘书自己拨错了电话时的应对。

　　第5个电话：顾客的投诉电话。

　　第6个电话：通知部门经理开会的电话。

　　第7个电话：对方咨询本公司产品时，秘书需要查资料要对方等候的电话。

　　第8个电话：公司和一家客户有一项合作，已经谈妥，对方打电话来要秘书发传真过去。

思考与练习

　　1. 下列情境中，如果是你，将怎样提问？

　　（1）你在工作中有了一些新的思路和想法，非常想去和你的领导沟通，但领导平时很忙，你将怎样开口问他呢？

　　（2）你与小汪是同事，两人在工作上你追我赶都非常出色。可是，小汪被评为年度优秀员工，你却榜上无名。你有一些想法，怎样向主管领导表达？

　　（3）总经理准备到外地考察，许多人都在猜测他可能带哪个员工一起去，你其实也很想知道并希望带你去。你将用什么方法去了解总经理带出去的员工是谁？

　　2. 下列情境中，如果是你，你将怎样进行回答？

　　（1）公司人力资源部负责人问你对工资待遇的看法，你将怎么回答？

　　（2）一位同事直接要求你发表对他（她）的评价，你怎么回答？

　　（3）有人说你与某领导走得很近，你怎么回答？

项目四 演讲与辩论

任务一
命题演讲的训练

案例导入

一位著名的演说家在一次演讲开始后，没讲一句开场白，举起一张 20 美元的钞票，面对下面的 200 个人，问道："谁要这 20 美元？"

一只只手举了起来。

他接着说："我打算把这 20 美元送给你们中的一位，但在这之前，请允许我做一件事。"说着就将钞票揉成一团，然后问："谁还要？"

仍有人举起手来。

他又说："那么，假如我这样做又会怎样呢？"他把钞票扔到地上，并且用脚踩碾它。而后他拾起钞票，钞票已变得又脏又皱。

"现在谁还要？"

还是有人举起手来。

"朋友们，你们已经上了一堂很有意义的课。无论我如何对待这张钞票，你们还是想要它，因为它并没贬值，它依旧值 20 美元。人生路上，我们会无数次被自己的决定或碰到的逆境击倒、欺凌甚至被碾得粉身碎骨，我们觉得自己似乎变得一文不值。但无论发生了什么，或将要发生什么，在上帝的眼中，你们永远不会丧失价值。在他看来，肮脏或洁净，衣着整齐或不整齐，你们依然是无价之宝。生命的价值不依赖我们的所作所为，也不仰仗我们结交的人物，而是取决于我们本身！你们每个人都是独特的——请永远不要忘记这一点！"

任务描述

这个演讲主题十分鲜明，那么在确定主题时要注意哪些具体环节呢？

相关知识

一、命题演讲的含义和类型

命题演讲是指事先拟定题目或演讲范围，并经过准备后所作的演讲。主持词、开幕词、学术报告、竞聘演说等都属于命题演讲。

命题演讲大致包含两种类型：一类是全命题演讲即根据主办单位或邀请单位事先确定的题目进行的演讲。这种演讲的主题和内容都有较严格的限制；另一类是半命题演讲，即主办单位只提出演讲主题，要求题目由演讲者自定。这种演讲具有一定的自我性，只要求内容符合主办单位有关主题的要求。

二、命题演讲的基本特点

除了具备演讲的一般特征外，与其他演讲形式相比，命题演讲还具有如下特点：

（1）严谨性。命题演讲的内容是比较严肃的，演讲中用的演讲稿是精心设计的，演讲的过程是周密安排好的。

（2）稳定性。命题演讲的内容多为事先准备好、反复演练过的，所以演讲受时境的限制较少，变动性也较小。

（3）针对性。命题演讲都是有特定的目的和安排，所以演讲的内容都要围绕特定的目的，要有鲜明的针对性。

三、命题演讲的程序

命题演讲一般由构思准备、演练、演讲三个阶段构成。

（一）构思准备阶段

这一阶段包括构思演讲稿及精心设计现场实施。

1. 演讲稿的构思

演讲稿是演讲者在演讲前事先写出来的文稿，是供演讲时使用的主要依据。构思演讲稿需要从明确主题、选择材料、确定结构、锤炼语言四个方面进行。

（1）主题要明确单一。所谓演讲的主题，就是向听众亮明演讲者的态度和看法，即提倡什么，反对什么。它是演讲稿的灵魂和统帅。演讲是一种宣传工具，如果演讲稿的观点失去了正确性，演讲就没有了意义，弄不好还会把听众引向歧途。所以演讲的主题要揭示事物的本质规律，积极向上，有益于人们进步，有利于社会向前发展，写演讲稿时，一定要对客观事物准确把握，不可有主观随意性，要大力宣扬真善美，坚决杜绝那些颓废、消极的思想在听众中传播。同时还要注意，一次演讲的主题最好只有一个，集中说深说透为最好。主旨分散或多中心就会什么都讲了什么也没讲清楚。

（2）材料要典型新颖。在明确了自己的特定目的及为实现这一目的必须确定的主题后，就要开始搜寻材料，使之为阐明主题服务。如果说主题是演讲的灵魂，那么材料就是演讲的血肉。材料是演讲者长期通过直接（亲身经历、体验的）或间接（通过书刊等传播手段）方式获得的。但演讲者在他所掌握的这些材料中，只有很少一部分适合写一篇演讲稿。因此在写作演讲稿的时候，对材料就要进行选取。选材要以主题为根据，选取最能反映事物特征、最有代表性、能有力地揭示事物的本质，对表现主题具有突出的说服力的典型材料。同时，演讲中所选材料新颖与否对表达主题关系密切。只有新颖的材料才能表现出新鲜的思想，才能吸引人。因此演讲者要勇于捕捉社会生活中层出不穷的新事实、新经验、新问题，勇于做出理论上的新概括，使整个演讲给人一种清新的感觉。

（3）结构要清晰活泼。结构对于演讲就像是骨骼对于人体、框架对于大楼一样。演讲稿的结构好坏，直接影响到演讲的质量和效果。因为演讲者是借助声音向听众传达自己的思想感情的，如果演讲的结构不够清晰，听众就会听不出头绪。因此在安排演讲稿的结构时，首先考虑的是结构一定要清晰，层次感要强，要让听众一听就能明白要讲什么、传达什么观点、解决什么问题。只有如此，演讲才能达到预期的效果。此外，在结构上，还应生动活泼，注意高潮与平缓相间，叙事说理与升华议论交叉结合，只有这样，演讲才会多姿多彩，深得人心。

（4）语言要准确精练。演讲的语言就是以演讲这种语体形式出现时所使用的语言。演讲者任何一种思想或情感的表达都是靠语言完成的，演讲的语言是演讲的生命线。演讲的语言是需要深思熟虑和反复锤炼的。演讲语言要准确明白，就是要使遣词造句能确切地表情达意，如实反映客观事物的真实面貌。同时还要注意文字的锤炼和推敲，做到精益求精一字不多一字不易。演讲时还要注意克服三个毛病：口头禅、啰嗦重复、空话套话。

2. 精心设计演讲的现场实施

（1）设计演讲采取的方式。演讲方式是指演讲者在演讲中所采取的方法和形式。最为常见的演讲方式有宣读式、朗诵式、脱稿式（有稿而不照读）、问答式、表演式（带有综合性）等。演讲者要根据表达的内容和主办方的要求选择合适的演讲方式。

（2）设计演讲的时间。要把握好从演讲开始到结束所用去的时间，要设计得既不显得过于紧张使听众难以应付又不显得拖泥带水松散、冗长。

（3）设计演讲者的风度。演讲者的风度除富有激情的语言美外还包括服饰美以及体态语。服饰美的最基本要求就是得体，即服饰与人体比例协调和谐，服饰的色彩、式样、比例等均适合人体本身的尺度要求，从而把服饰与人体融为有机统一的整体；其次服饰美还要求人时，即追求服饰与人所处环境的协调和谐；第三是从俗，追求与社会生活环境民情习俗的协调和谐。体态语的设计应服从内容表达的需要，根据对象、场合的需要和情感表达的需要，服从审美的需要，做到自然、简洁明了、适度适宜、富有变化。

（二）演练阶段

就像文艺演出之前要进行"彩排"，演练是演讲准备的重要工序。演练就是演讲者按照已设计好的程序进行预演的操练过程。它是演讲者正式登台之前所进行的最初尝试。为了追求最佳的演讲效果，必须注意把握以下演讲演练的基本环节：

（1）演练语调节奏。根据表达思想感情的需要，在吃透演讲稿内容的基础上，对演讲内容进行语音、语调的节奏的具体设计演练。如对需要强调的内容给以重音处理，对感情起伏变化进行语气、语调的标示，对特殊的表达内容的停顿、语速予以确定等。

（2）态势语设计演练。态势语是演讲的有机组成部分，它可以把下意识的动作变成有意识的动作，大大强化内容的感染力和征服力。态势语言要与思想内容相一致，动作不宜太多太滥，尤为重要的是动作要有美感。在动作设计中，主要是眼神和手势的设计，比如手势的形式、动作的方向、幅度和力度等要进行反复揣摩，从多种设计中找出最佳方案。从内容上看，态势语设计要特别注意两头：一是开头处。包括上台的走路、体态，开讲处的神态、动作，要自然、大方，眼神要正视听众，给人以可信赖、正直、诚实之感。开头的手势不能太多，动作的幅度也不要太大，否则会给人不稳重的感觉。二是结尾处。手势的幅度、力度通常要大，要有号召力，能给人留下深刻的印象。正文部分的态势语应更多地把面容、手势和声音等各种手段调动起来，使声、情、言、态协调一致，创造出理想的演讲意境。

（3）试讲演练。在精心设计的基础上，认真地熟悉演讲稿的内容。模拟正式演讲，把言、声、情、态等有机地结合起来，把内容准确生动地表达出来。试讲阶段的目标应是摆脱背诵的痕迹，进入自如讲述的层次，使演讲者提前进入"角色"。

（三）演讲阶段

在经过多次演练之后，最终就要登台亮相了。这是演讲最关键的一个环节。也是检验前两个环节成果的阶段。演讲者在这个阶段要亲切自然，端庄大方，给听众创造良好的第一印象。下面是需要注意的几点细节：

（1）进入演讲会场，应当雍容大方，态度谦和，不可左顾右盼、东张西望，也不要躲躲闪闪、忸怩作态，更不要装腔作势、高傲轻慢。就座后最好稳坐静思，给人以沉稳谦和的印象。

（2）走上演讲台时，要先向主持人点头致谢，而后步伐沉稳，目视前方，走上讲台。站稳后，目光迅速扫视全场，与听众作一次目光交流；然后以诚恳谦和的态度向听众敬礼；神态稍定，即可开始演讲。

（3）演讲者要站在离麦克风合适的距离处。太近，传出去的声音会失真；太远，听众会听不清楚。站立时要讲究站法，目光要扫视全场，不要只盯着一部分听众，更不能抬头看天花板或是对面墙壁，这样不利于听众交流，也是对听众的失礼。

（4）演讲完毕，要向听众敬礼："谢谢大家！"要向主持人和主席台致意。走下台时，不要匆忙慌张，要像走上台时一样轻松自如，潇洒谦和。

任务实施

那么，在确定主题时要注意哪些具体环节呢？

（1）确定你要阐述哪些要点，可以通过思考以下问题来获取：主题的哪些方面最适合这些听众和演说场合？主题的哪些方面最利于发挥你的演讲优势？

（2）拟出明确的论点，方法是写出一个概括主题的论点陈述句；再把论点陈述句分解为一系列有待回答的问题。

（3）限定主题，即主题要点越少越好。在精选主题时认真思考以下问题：你为什么认为这是一个有价值的主题？这一主题在实际生活中能否得到印证？你的论点究竟是要证明什么？事实又是怎样发生的？

任务二
即兴演讲

案例导入

一位老师在接新班时，学生鼓掌欢迎他讲话，情绪十分热烈。他针对字生希望有一位好班主任的心理要求，发表了即兴讲话。

亲爱的同学、朋友们：

当我站在这讲台上，不，应当说是舞台上，我似乎觉得两侧的紫色帷幕缓缓拉开，最富有生气的戏剧就要开始了。最令我兴奋的是这戏剧拥有一群忠于我的演员——在座的全体同学。为此，我愿做一名热情的报幕员，此时此刻向观众宣布：会计 06 级 1 班的演出开始了！我想，我这个班主任首先应该是一名合格的导演，我渴望导出充满时代气息的戏剧来：团结、紧张、严肃、活泼是它的主调，理解、友爱、开拓、创新是它的主要内容；爱着这个集体和被这个集体爱着是它的主要故事。我作为导演要精心设计出生动的情节、典型的角色、迷人的故事献给今天在座的每一位同学。这舞台是你们的，你们是当然的主角，我心甘情愿地做配角，尽我的力量竭诚为主角效劳。不仅如此，我还要做一名最虔诚的观众，为你们精彩的演出微笑、流泪、鼓掌、欢呼。（见图 4-2-1）

四年之后，当你们与自己的中专时代告别，将要登上人生的大舞台时，你们会深深地感到这小舞台所给予你的一切，是多么珍贵、多么难忘。四年后，当我们这个班的戏剧舞台徐徐

图 4-2-1　班主任致辞

落下帷幕时，我愿听到这样的评价：老师，你是我们满意的导演，也是一名不错的配角，更是我们喜欢的观众。预祝我们合作顺利成功！

任务描述

这段精彩的即兴讲话，道出了老师的期盼，满足了学生的心理要求。那么，这种被人邀请的即兴演讲应该注意哪些问题呢？

相关知识

一、什么是即兴演讲

即兴演讲就是指讲话人在一定的场合，在事先毫无准备的情况下或经过短暂的思考，临时起兴发表的讲话。作为一种最能反映人们的思维敏捷程度和语言组织能力的演讲形式，即兴演讲随着生活节奏的加快，已经渗透到社会生活中的各个领域，受到人们的普遍欢迎，并在日常生活中发挥着举足轻重的作用。

二、做好即兴演讲应具备的条件

（1）广博的知识。"知识犹如一张网，它结得越大，捕捞成功的机会就越多。"

（2）敏捷的思维能力。俗话说："语言是思维的衣裳"良好的语言缘于敏捷的思维能力。

（3）良好的心理素质。有的人心理素质好，能够做到一边思考一边讲话；有些善于讲话的人，只要有纲目，就可以流畅地讲话，做到纲举目张，侃侃而谈；而生活中不善言谈的人，由于缺乏锻炼，当众讲话脸红脖子粗，语无伦次。所以要培养自己良好的心理素质，健康的心态，多经受锻炼。俗话说：不经历风雨，怎么能见彩虹！

（4）丰富的想象力和联想力。比如一次辩论赛，学生获奖，教师发言。联想到自己上学时的经历，以此鼓励学生。

三、即兴演讲的方法与要求

1. 选择话题，确定中心，选好突破口

（1）感"地"起兴。

特定的地点，同构成的环境因素密切相关，如果处在现场环境中的人对这一地点有着难以忘怀的人生记忆，就有可能由此激起内心强烈的情感活动，从而产生一吐为快的表达欲望。例如，老同学聚会时的演讲："当年一声再见我们含泪离开母校。今天为了重温旧梦，我们又从四面八方汇集到母校——北京大学。北大是我的娘家，回到娘家，心中就有许多说不出来的感慨和欣喜……"

学校是学生成长的摇篮，曾留下许多青春记忆。重返校园，讲述让人魂牵梦绕的校园故事，使听众感同身受。

（2）感"人"起兴。

可以从听众身上寻找话题，可以谈他们的工作、贡献和影响。1991年11月上海电视台"今夜星辰"节目主持人叶惠贤，荣获全国节目主持人金奖。他在答谢讲话中说："我感到咫尺荧屏就像一片无际的海洋，主持人就像一条经受风吹雨打的小船。我将竭尽全力驶向观众喜爱、欢迎的彼岸。同时，也渴望得到观众的支持。"（见图4-2-2）主持人通过比喻，表达了他不辜负观众的期望，并愿意再接再厉，更上一层楼，接受观众检验的心情。

图4-2-2　感"人"起兴

（3）感"景"起兴。

世间最奇妙的事，就是与美妙山水的遇合。即兴演讲时，特定的景象同样也能给演讲者带来一吐为快的冲动。例如一位老师带领学生春游，在举行联欢会前发表演讲："今天天气真好，春风特别和煦，阳光格外明媚。在这充满生机与活力的季节里，我们走进了美丽的大自然。面对春云舒卷、莺歌燕舞、姹紫嫣红的美妙世界，我们怎能不兴奋，怎能不激动，怎能不欣喜？让我们放开喉咙，尽情歌唱这妩媚的春天吧！"

（4）从会旨找话题。

各种聚会都有其不同的内容，即兴讲话时，可以根据会议的主旨、内容、目的来选择话题。1991年11月中国电影的最高奖"金鸡奖"与"百花奖"同时揭晓，李雪健因在影片《焦裕禄》中饰演焦裕禄而获两个大奖。他在讲话时说："苦和累都让一个好人——焦裕禄受了；名和利都让一个傻小子——李雪健得了。"这就是根据会议的内容选择话题。

2. 精心安排好开头和结尾

（1）提纲挈领式。

提纲挈领式就是开门见山地接触主题，交代讲话中心。如1949年春北平解放，郭老到北京大学演讲，许多同学闻信赶来，会场内外人山人海。当主持人宣布开会后，郭沫若登台发言，他的第一句话是："同学们！今天我面对青春的海洋，摆革命的龙门阵！"话音刚落，整个会场沸腾起来，掌声笑声连成一片，经久不息。

这个开场白仅有两句话，但却非常生动、风趣，一下子抓住了听众，引起共鸣。面对欢天喜地迎来了解放的青年学生，郭老第一句话用了贴切形象的比喻，第二句更是妙语双关。四川人把拉家常叫摆龙门阵，郭老是四川人，搬一句家乡话，自然别有风趣，再加上"革命"二字，就把他要讲得内容含蓄地点出来，同时也恰当地表现了郭老谦逊的态度。反之，如果改用这样的开场白"各位同学，今天我向大家谈谈北伐战争问题"，其效果又将如何呢？

（2）顺手拈来式。

会议现场有时会出现某种引人注目的物品，演讲者可以着眼于其特殊内涵和象征意义，进行主观联想，顺手拈来，借题发挥。例如，在"钻石表杯"业余书评授奖大会上的演讲："今天，我参加'钻石表杯'业余书评授奖大会，我想说，钻石代表坚韧，手表意味时间，时间显示效率，坚韧与效率的结合，这是一个读书人的成功所在，一个人的希望所在。"

演讲者就眼前之物"钻石表"起兴，揭示了"钻石表"的品牌内涵，表达了对读书人的殷切希望，给人以深刻的启示和教育。

（3）自我介绍式。

即开头自我介绍，可以介绍自己的姓名、身份、职业、经历、爱好或表明自己的立场观点。这种开头形式给人一种诚挚、坦率的感觉。

抗战期间，著名的作家张恨水在成都中央大学的即兴演讲就采用了这种开头方式。"今天，我这个鸳鸯蝴蝶派的作家到大学来演讲，感到很荣幸。我取名'恨水'不是什么情场失意，而是因为我喜欢南唐后主李煜的一首词《乌夜啼》中的'恨水'二字，我就用它做了笔名。"这种开头把自己的文学流派、性格、爱好，毫不隐瞒地介绍出来，给人留下一种真诚、坦率的印象。

（4）自我贬抑式。

这种开头也可以使气氛更轻松活跃。1990 年春节联欢晚会上，台湾著名电视节目主持人凌峰做了一段精彩的即兴演讲。他的开场白是这样的："在下凌峰，我和文章不一样，虽然我们都得过'金钟奖'和'最佳男歌星'奖，但我是以长得难看而出名的……一般来说，女观众对我的印象不太好，她们认为我是人比黄花瘦，脸皮比炭球黑。"（见图 4-2-3）开场白虽然采用了自我贬损，但效果正相反，不但表现了讲话人的坦率幽默、机智随和，而且备受听众的欢迎。

图 4-2-3　自我贬抑

四、几种常见的即兴演讲

1. 说明情况的即席发言

说明情况的即席发言通常是剖析性或解释性的发言。既可以摆事实，指出问题的真实情况；也可以分析事理，以深邃的洞察力透彻地剖析利害关系，达到摆事实、讲道理、以理服人的目的。

例如，1936 年"西安事变"发生之后，周恩来为了实现我党"和平解决西安事变"的政治主张，达到逼蒋介石抗日的目的，只身到强烈要求杀蒋的军官中去做解释工作。周恩来讲清了不杀蒋的道理使军官们深明事理，感到我党胸怀宽阔，眼光远大。周恩来是怎样阐释和剖析的呢？他抓住这些军官急切要求杀蒋的心理特点，采用了欲扬先抑的办法平静地说："杀他还不容易，一句话就行了。可是杀了他，还怎么办呢？局势会怎么样呢？南京会怎么样？日本人会怎么样？国家和民族的前途会怎么样？各位想过吗？这次捉了蒋介石，不同于十月革命逮住克伦斯基，不同于滑铁卢擒住了拿破仑。前者是革命胜利的结果，后者是拿破仑军事失败的悲剧。现在呢？虽然捉住蒋介石，可并没有消灭他的实力，在全国人民抗日热情的推动下，加上英美也主张和平解决西安事变，所以逼蒋抗日是可能的。我们要爱国，就要从国家和民族利益考虑，不计较个人的私仇。"周恩来这番摆事论理的分析，说服了主张杀蒋的军官们，促进了抗日民族统一战线的建立。

2. "灵感"勃发时的即席发言

"灵感"勃发指触景生情。这种发言多在讨论会、酒宴、各种聚会上遇到，偶尔也在意外情况突发中遇到。这种讲话，往往由别人的一席话使发生联想，或者借景生情引出思绪，打开话匣子。通常要看场合、情景，内容多以幽默、逗趣、欢乐为主，要把握住简洁、得体、高雅、有趣等几个方面要求。

如，《正大综艺》节目主持人杨澜在 1991 年 9 月 19 日晚于广州天河体育中心主持演出时，节目演到中间，她在下台阶时被绊了一跤。杨澜灵机一动，说："真是人有失足，马有失蹄呀。我刚才的'狮子滚绣球'的节目滚得还不熟练吧？看来这次演出的台阶不那么好下哩！但台上的节目会很精彩的，不信，你们瞧他们。"杨澜这几句话不仅为她自己摆脱了难堪，而且显示了她非凡的应变能力和口才。这就是一次成功的灵感勃发时的即兴讲话。

任务实施

被人邀请时的即席发言应该注意哪些问题呢？

这种发言在各种场合里经常遇到。发言时一要谦逊，可以感谢主人的热情好客或赞扬主人的功绩；二要使听众通过讲话内容有所收获和启迪；三要正确估计听众的心理要求，可根据对象选择话题。

任务三
辩论

案例 某一场《知难行易／知易行难》的国际大学生辩论大赛的某一环节，双方有这样一段辩论。

反方（知易行难）：请对方辩友不要忽视一个普遍的社会现象：有许多犯罪分子，不是没有法律常识，可是他们没有按照法律规范行事，最后走上了违法犯罪的道路。这足以说明"知易"而"行难"啊！（鼓掌）

正方（知难行易）：对啊！那些人正是因为上了刑场、死到临头才知道法律的威力、法律的尊严，走上了不归路。这正可谓"知难"哪，对方辩友！

任务描述

辩论都有哪些环节及技巧呢？

相关知识

有备演讲、即兴演讲都是一人说，众人听，属于单向式的语言交流。辩论演讲是正反两方的说与听，属于双向式的语言交流，是演讲活动的高级形式。

一、辩论的特点
1. 针锋相对
辩论各方的观点必须是截然对立的或至少是有鲜明分歧的。没有对立便没有辩论。辩论中，辩论者既要千方百计地证明并要对方承认自己观点的正确性，又要针锋相对地批驳对方的观点，并使对方放弃自己的观点，这就决定了各方立场的鲜明对立性，这样才有辩论的必要。

2. 策略灵活

赛场辩论，犹如战场布阵，非常讲究用兵之道，即运用策略，这也是辩论活动的明显特点。在辩论中可正面攻击、长驱直入，可侧面迂回、步步紧逼，也可巧布疑阵、投石问路。竞赛型的辩论都需要讲究策略性。这种策略性首先表现在辩论的准备阶段，要求在摸清敌我双方各方面条件的情况下，制定好防御策略、攻击策略、配合策略、攻心策略等，在辩论开始后逐步实行，并根据需要随时灵活地调整这些策略。

日常辩论在许多时候打的是无准备之战，在唇枪舌剑的战斗中，双方思维的紧张程度不亚于短兵相接。语言信息的传播与反馈比起一般的会话来快得多。因而既需明察对方的策略，又要应付对方的"明枪暗箭"，而这一切往往来不及深思熟虑，都得临场发挥。所以辩论者必须具有敏捷的思维能力，高度的判断能力，机智的语言运用能力。

3. 机敏幽默

在辩论中，尽管辩论双方各有准备，但辩场风云变幻莫测。因此，首先，要求辩论双方反应机敏，对对方的提问和反驳应迅速做出反应，否则，会处于被动和劣势的地位。其次，反应要正确。对方发言时，要记住要点，捕捉漏洞，反驳时要击中要害，出奇制胜。最后，要巧妙幽默。作家老舍说过："文章要生动有趣，必须利用幽默。"写作如此，辩论言谈亦如此。幽默对答，不仅含有笑料，使人轻松，而且表情达意更为含蓄、深沉、犀利，能取得特殊的论证和反驳效果。

4. 语言简洁

辩论的得失成败，往往在很大程度上取决于语言。要击中对方的要害，最好是"一针见血"，使对方猝不及防。要字斟句酌，谨防在语言上给对方留下把柄。语言要简洁犀利，表达时，要游刃有余，切忌啰里罗唆，言不达意。否则，会削弱自己的辩驳力，暴露自己的破绽。

二、辩论的类型

辩论根据其表现形式的不同可以分为以下几种。

1. 竞赛式

竞赛式辩论是指两支辩论队伍，按照竞赛规定，针对同一辩题，通过交替发言，论证己方观点，攻击对方观点，最后由评委打分决定胜负（见图4-3-1）。

2. 答辩式

答辩式辩论有毕业论文答辩、法庭辩论、决策辩论、外交辩论、答记者问等。

3. 对话式

对话式辩论在社会生活中很常见，以说服对方接受自己的观点为目的，如日常琐事的交谈、经济纠纷的协调、工作上的谈判、邻里矛盾的化解和交通事故的协调等。

图 4-3-1　竞赛式辩论

任务实施

辩论都有哪些环节及技巧呢？

辩论往往是在动态思维中进行的，是一种高智商的游戏。辩论能否成功，对辩论双方来说，不在于各自拥有多少真理，而在于能辨出多少真理、多少智慧。要想成为"巧言一席，强似雄兵百万"的高明的辩手，除了要具有多方面的知识素养之外，还必须掌握多种辩论技巧。

一、立论环节的技巧

赛场辩论的辩题一般都是中性的，在理论上双方都存在着薄弱点，而这些薄弱点在辩论的过程中又往往很难回避。因此，要想获得辩论胜利，就要在遵循逻辑思维规律的基础上，对辩题进行艺术加工，使立论有所突破，有所创新。

1. 巧妙定义

辩论是有规则的智力游戏，可以在不歪曲原意的情况下，巧设逻辑框架，扬长避短，自圆其说。例如，在《顺境出人才还是逆境出人才》的辩论中，反方从逻辑角度对"逆境出人才"的立论：人才就是能够从众人中脱颖而出、出类拔萃的人物；顺境就是顺利的环境，比如顺风而行，顺流而下；逆境不但是悲惨之境，苦难之境，还是困难之境。在苦难之境、困难之境前，别人畏缩不前，你仍然勇往直前，于是脱颖而出，成为人才，所以说人才只能产生于逆境。在顺境中，人人乘风而行，人人顺流而行，谁也不能称为人才，因为人才必须出类拔萃。而你超越众人，将顺境变为逆境，比如水速十里，众人航速皆十里，而你独以百里之速前进，于是顺流变成了逆流，顺境变成了逆境，十里动力变成了九十里阻力，而你正是在克服九十里阻力的过程中脱颖而出成为人才。所以人才与顺境无关，只有逆境才能出人才。

2. 追加前提

当碰到一个对自己不太有利的辩题时，巧妙限题，趋利避害。例如，在《竞争与合作可以（不可以）并存》的辩题中，正方要想维护"竞争与合作可以并存"这一观点是有一定的困难的，但在辩题中追加"在社会主义市场经济条件下"这一前提，就达到了既不改变辩题性质，又能缩小辩题的范围，增添己方立论有利因素的目的。

3. 公理论证

科学定义、科学原理、公理等是为实践所证实了的真理，在论证中恰当地加以引用，能牢不可破地树立自己的观点。此外，用数据论证自己的观点，直观而准确，形象而生动。

4. 避实就虚

当遇到让大多数评委和观众难以接受的辩题时，可以另辟蹊径，拓展辩题，把论题界定到对己方有利的范围。在《人性本善（本恶）》的辩题中，反方对"人性本恶"的命题，就从三个角度来立论。从事实上讲人性先天、与生俱来是恶的；从价值上讲我们不鼓励恶，希望通过教化来使人性向善的方向发展；从起源上讲人性本恶，但是如果人皆相恶，那么人种便难以保存，为了群体的生存，必须制定一些规则，那最初的对于规则的遵守便是善的起源。

5. 出奇制胜

表述论点，可以大胆创新，转换话题切入角度，营造攻守皆宜的辩论氛围。例如，在《大学生择业的首要标准是发挥个人专长》辩论中，反方的立论角度虽然很多，但都很一般，没有新鲜感。辩论时，反方以"大学生应从个人的自我完善和推动社会进步的角度确定择业方向"为论点，别出心裁，出人意料，使正方措手不及，增强了论点的说服力。

二、辩论取材的技巧

辩论赛是一场智慧之战，机敏之争。就地取材体现了辩手的机敏、瞬间的智慧。要想论辩克敌制胜，增色添彩，除了赛前要充分准备之外，还需要随机应变，把握现场，切合时境，就地取材。

1. 就"己方"取材

以己方的某一情况为素材，或引出问题，或反驳对方，以证明己方观点的正确。如《美是（不是）客观存在的》的辩论。

正方二辩："请问对方辩友，我美吗？"

反方三辩："我认为对方二辩很美，但是，这只是我个人的意见，如果在场有人胆敢说对方二辩不美，那么，我们是不是要踏上千万只脚，让他永世不得翻身呢？正因为美是一种主观感受，所以，才会有人觉得对方二辩很美，有人觉得对方二辩不美。"

正方二辩："刚才对方三辩认为我很美，我要谢谢他。但是，如果有人说我不美，我会骂人吗？那倒不会！因为，不管你认为我美不美，我还是我，我并没有因为你认为我不美，脸就变成了母夜叉！美是客观存在的，只不过是人们所欣赏的角度不同罢了！"

正方二辩以自己的相貌为话题，巧妙地证明了己方的立场，美是客观存在的。取材机智，论证巧妙，收到了很好的现场效果。

2. 就"敌方"取材

把对方辩友的有关材料作为论据，或证明自己的立场，或批驳对方观点。如《温饱是

（不是）谈道德的必要条件》辩论。

反方："第二次世界大战的时候，面对着法西斯的疯狂攻袭，英国民众也并没有丧失他们讲究道德的绅士传统。热爱祖国、伸张正义的信念，使得众多还在不温不饱状态下的英国民众们顽强抗争着。面对着这些贫寒但是高贵的灵魂，来自英国的对方辩友难道还要告诉我们"温饱是谈道德的条件"吗？"

因正方来自英国剑桥大学，反方论辩时，列举英国公民在"二战"中艰苦抗击法西斯的例子作为己方的论据，使对方不能否认，也无法否认这一令英国人引以为自豪的事实，显示了就地取材的力量。

3. 就"现场人员"取材

把辩论现场人员"扯入"自己的辩驳中，为证明己方的观点服务。如《艾滋病是医学问题，不是（也是）社会问题》的辩论。

反方："一个人得了病也许不是社会问题，千百万人得了艾滋病难道还不成为社会问题吗？"

正方："那千百万人还曾经得过感冒，千百万人还曾经得过心脏病，难道这都是社会问题吗？"

反方："一个人打喷嚏不是社会问题，但如果我们全场的人同时打个喷嚏——还不是社会问题吗？"

正方提出的问题，可谓咄咄逼人，比较棘手，反方如果直接辩驳，恐怕很难奏效。从现场就地取材，把全场人员作为话题并推向极端。虽然不能直接证明己方"艾滋病也是社会问题"的立场，但却巧妙地避开了对方的进攻，没有让对方占到上风。

4. 就"评委"取材

把现场的评委作为话题，将其有关情况巧妙地穿插在自己的辩论中，一方面用以证明己方的观点，另一方面可以借此赢得评委的好感。例如，在《夜晚对人类利大于弊（弊大于利）》的辩论。

反方："请问，为什么人们都选择白天工作，夜间休息呢？如果说夜晚对人类利大于弊，那人们为什么不都改在晚上工作呢？"

正方："我告诉你，金庸先生的作品有70%都是夜深人静的时候写成的，夜晚往往是作家灵感频发、文思泉涌的黄金时段，不信你问问在座的金庸先生啊！"

反方："金庸先生已经七十高龄了，你是想让金庸先生夜以继日、不停地写，永远不见天日了吗？"

辩论双方，你来我往，都以坐在台下的评委金庸先生为论据，幽默中夹着"狡猾"，让评委饶有兴趣，观众反应强烈。

5. 就"举办地"取材

以辩论赛举办地的材料为题材，将它作为证明己方立场或反驳对方观点的论据。如《人性本善（恶）》的辩论。

正方："对方辩友，请不要回避问题，中国台湾的正严法师救济安徽的大水，照你们的说法，都是泯灭人性，人性本恶，还会发生这样的事情吗？"

反方："但是，8月28日的新加坡《联合早报》也告诉我们，这两天新加坡游客要当心，因为中国台湾出现了"千面迷魂"这种大盗，瞧人性多么险恶啊！"

正方用关于中国台湾和尚救济安徽水灾的新闻，证明人性本善，生动真切；反方随手拈来新加坡《联合早报》的有关迷魂大盗的报道，证明人性本恶，让在场的新加坡观众笑得开心又会心。

三、反驳环节的技巧

反驳是对对方错误的言论进行驳斥。一般情况下，可以通过摆事实、讲道理的方法，从正面指出对方论点的谬误所在，但有时效果不佳，此时应另辟蹊径，运用一些恰当的逻辑方法，这样能够出奇制胜。

1. 归谬反驳

在辩论中，对对方荒谬的论题，不予正面的直接揭露、反驳，而是以它为真命题，遵循"有此必有彼"的必然联系，引申出一个更为荒谬的论题，对方观点不攻自破，达到"以子之矛，攻子之盾"的效果。一位加拿大外交官竞选省议员，遭到反对派攻击，理由是他出生在中国（其父母均为美籍传教士），吃过中国奶妈的奶，因此"身上有中国血统"。对此，这位外交官反驳道："诸位是喝牛奶长大的，我不得不遗憾地指出，你们都有牛的血统！"他的朋友也补充道："各位有喝羊奶的，吃猪排，啃鸡脯，这样你们的血统实在是很难断定了！"放大谬误，使对方不能"自圆其说"，这就是归谬反驳法。

2. 类比反驳

在辩论中，举出一个与本论题相似的例子，由此及彼，达到反驳的目的。最后的效果是"以其人之道，还治其人之身"。类比反驳往往机智巧妙，出人意料，具有较好的反驳效果。

3. 引君入彀

先避开论题，而去谈论双方有共同认识的话题，诱使对方钻入其中，进而将其制服。美国第一位总统华盛顿年轻时，一匹马被邻人偷走了，华盛顿同一位警官到邻人农场里索讨，那个人拒绝归还，声称那是自己的马。华盛顿用双手蒙住马的双眼，对邻人说："如果这马是你的，那么请你告诉我，马的哪只眼睛是瞎的？""右眼。"华盛顿移开右手，马的右眼光彩照人。"哦，我弄错了，是左眼。"华盛顿移开左手，马的左眼也是光亮亮的。"糟糕，我又弄错了。"邻居为自己辩护。华盛顿避开马的归属，设置马瞎眼问题诱使对方"入彀，使其就范。

4. 反唇相讥

在辩论中，常出现恶意的人身攻击和挑衅，针对这种情况，可承接对方的讲话内容，借用其中的某些词语反戈一击。这种反驳方法能言简意赅地击中对方要害，收到良好的效果。德国诗人海涅是犹太人，一次，一个旅行家讲述他旅行中发现的一个小岛，最后他说："你猜猜，这个小岛有什么现象使我惊奇？那就是这个岛上竟没有犹太人和驴子。"这个旅行家故意把犹太人与驴子相提并论，意在侮辱海涅。海涅听了冷冷地接道："只要你和我一块去一趟，就可以弥补这个缺陷了。"海涅巧妙地利用对方的话语，把"旅行家是驴子"的意思潜藏在话语底层，表面不动声色，实则是针锋相对，且委婉含蓄、语胜一筹。这种反驳达到了以守为攻，后发制人的效果。

5. 借力打力

"以子之矛，攻子之盾"，使对方于急切之中，理屈词穷，无言以对。如《知难行易》的辩论。

反方："许多贪官不是不知法，而是知法犯法。"

正方："对呀！那些人正是因为上了刑场死到临头才知道法律的威力、法律的尊严，可谓'知难'哪，对方辩友！"

当反方以实例论证"知法容易守法难"时，正方马上借反方的例证反治其身，强化"知法不易"的观点。辩题中的"知"，不仅指"知道"的"知"，也指建立在人类理性基础上的"知"。正方宽广、高位定义的"知难"和"行易"，借反方狭隘、低位定义的"知易"和"行难"的攻击之力，有效地回击了反方，使反方构建在"知"和"行"表浅层面上的立论框架崩溃。

6. 移花接木

一位青年损坏了公交车，要他赔偿，青年人反问道："为什么要我赔？"售票员理直气壮地说："公交车是人民的财产，谁损坏谁就要赔偿！"青年人说："我是人民中的一分子，人民财产有我一份，我那份不要了，就算做赔偿吧。"这里青年人把"人民的财产"这一概念偷换成"每个人都有份的财产"的概念。"人民的财产"是"人民大众共有的财产"，而不是"每个人都享有一份的财产。"只要明白了这点，诡辩便被揭穿。

7. 两难推理

两难推理就是一方提出具有两种可能性的判断，迫使对方不论肯定还是否定其中哪种可能性，结果都会陷入为难的境地。它是辩论中十分常见的诡辩术之一。例如，有位干部抱怨说："要是会议多了，整天泡在会里，影响其他工作；要是会议少了，上级精神无法传达，基层情况也无法了解。唉，现在的领导真难当啊！"这里就包含了一个两难推理，不过这是个为自己"泡会海"进行辩护的错误的两难推理。其一，"会议少"与"上级指示无法传达，基层情况也无法了解"并无必然联系；其二，"或者会议多，或者会议少"，没有穷尽一切可能，因为还有"会议不多不少"这种选择。论辩中遇到这种情况，要予以拆穿，一般采用"反两难推理法"（即另外构造一个与原来的两难推理相反的两难推理，"以其人之道，还治其人之身"）或"直接拆穿法"（即直接指出其推理中的逻辑错误，如上例中列举未穷尽等）。

8. 釜底抽薪

向对方做选择性提问，把对方置于"两难"境地，是许多辩手惯用的进攻招数之一。对付这种有预谋的提问，可以从对方的选择性提问中，抽出一个预设选项进行强有力的反诘，从根本上挫败对方的锐气，如《思想道德应该适应（超越）市场经济》的论辩。

反方："我想问雷锋精神到底是无私奉献精神还是等价交换精神？"

正方："对方辩友您错误理解了等价交换，等价交换是说所有的交换都要等价，但并不是说所有的事情都是在交换，雷锋还没有想到交换，当然雷锋精神谈不上等价了。"

　　反方："那我还要请问对方辩友，我们的思想道德的核心是为人民服务的精神，还是求利的精神？"

　　正方："为人民服务难道不是市场经济的要求吗？"

　　这一交锋，反方有备而来，有"请君入瓮"之意。如果正方以定势思维被动回答，就难以处理反方预设的"两难"：选择前者，则刚好证明了反方"思想道德应该超越市场经济"的观点；选择后者，则有背事实，谬之千里。妙在正方辩手跳出反方"非此即彼"的框框设定，反过来单刀直入，从两个预设选项中抽出"等价交换"这一选项，进行反诘，以倒树寻根之势彻底推翻了其作为预设选项的正确性，语气从容，语锋犀利，其应变之灵活、技法之高明，令人叹为观止。

思考练习

1. 分析自己的特长、知识结构、兴趣点，确定自己擅长演讲的主题。
2. 请同学随机写几个词语，你从中抽出一个词语现场组织一段话。
3. 寻找诡辩案例，并与同学交流论述犯了怎样的逻辑错误？

项目五　面试与人际沟通

任务一
面试

案例导入

一次面试中，面试官询问求职者其所参与的有关社团活动。一个求职者说道："基本上我都是和社团干事一起完成社团工作的。我这个人不会和他人发生争执，都是大家一起做，也没有什么矛盾。有时我们也会加班干活，其实大家在一起还是比较愉快的……"

任务描述

这位求职者的回答有些文不对题。那么，面试沟通有什么基本技巧呢？

相关知识

一、面试概述

面试是一种人员招聘的选拔考试，被用来测试和评价面试者的能力素质。面试是通过测试方的精心设计，安排特定的场境，借助于交谈与观察，面对面地科学测试应试者的综合素质。面试给测试方和应试者提供了进行双向交流沟通的机会，能使双方相互了解，是一种测试者与应试者之间互动的可控测评方式；测评的主动权主要控制在测试者手里，具有很大的灵活性、调节性和针对性，可以灵活而具体地考察应试者的知识水平、经验能力和个性品质。

面试与其他测评手段不一样，其他测评即使有存在面对面的观察与交谈，但那是在自然场景下进行的，没有经过特定的情景安排。面试也与其他语言测试有所不同，如口试强调口头语言的测评方式及特点，而面试还包括对非口头语言行为的综合分析、推理与判断；再如交谈强调面对面地直接接触的形式与情感沟通的效果，而面试则是经过精心设计问答过程，观察分析判断应试者的价值理念、进取意识、求职动机、兴趣爱好等多方面的情况。当然，面试并非去测评一个人的所有素质，而是有选择性、有针对性地去测评最能测评的内容。

由于面试的针对性不同，不同的面试侧重点也不同，但总体而言，面试主要测评如下基本内容：

首先是外在风度气质。一般情况下，一个人的体态、姿势、谈吐、衣着打扮等都在一定程度上反映出这个人的内在素养和其他个性特征。作为应试者，其体型、外貌、气色、衣着、举止、精神状态等都给招聘者留下了最初的印象。一项针对上海浦东新区 30 家外企的专题问卷调查结果表明，90% 的企业会把第一印象作为用人标准。在面试过程中，一些职位如企业管理人员、教师、国家公务员、秘书等，对外在风度气质的要求相对较高。因此应试者仪表端庄、衣着整洁、举止文明，会提高面试的成功几率。

其次是专业知识水平。面试很重视应试者专业知识水平的考查，考查应试者是否具备相应的知识深度和广度、知识的更新是否符合职位的需要。相比笔试而言，面试的专业知识考查更具灵活性，测试方所提问题更接近应聘职位对专业知识的需求。

再次是实践工作经验。不少用人单位表示他们非常看重工作经验和实际工作能力，甚至表示，即使某些职位空缺，也不愿降低标准任用没有工作经验的应聘者。实际的工作经验和工作能力会为面试添加不少成功的筹码。面试时会提问关于应试者的工作阅历情况，查询应试者有关的背景及过去工作的情况，用来补充、证实其所表明的实践经验。通过了解应试者的工作经历与实践经验，还可以考查应试者的责任感、主动性、思维力、口头表达能力等。

最后是职业态度。职业态度是一个综合概念，包括一个人的求职动机、自我的职业期望以及认真自觉工作进而达成工作目标的态度和责任心。面试时会设计一些问题，对应试者的职业态度加以考量。通过了解应试者应聘本单位本职位的原因、工作追求，判断本单位所能提供的职位或工作条件等能否满足其工作要求和期望。面试过程中，测试者考察应试者对过去工作和欲应聘工作的态度，了解应试者的工作态度和责任心。在过去工作中态度不认真，对工作没有责任心的人，在新的工作岗位也很难说能勤勤恳恳、认真负责。

其他如综合分析能力、应变能力、人际交往能力、自我控制能力与情绪稳定性等都是面试要了解的内容。

二、面试沟通的特点

1. 借助面谈进行沟通

面试一般借助于面谈来完成考查的。面谈时，测试方会向应试者发问，提出各种问题，这些问题可能是技术问题，也可能是询问经历，或者并没有明显的意图。应试者则根据测试方提出的问题有针对性地进行回答，而应试者的回答将成为测试方考虑是否接受他的重要依据。调查显示，求职失败 50% 源于面试交谈的错答，因此，在面试过程中，应试者正确地把握回答技巧十分重要。有时测试方会提出诸如"你为什么要选择我们公司？"之类的问题，这是测试方对求职动机的提问，应试者在回答此类问题时一定要认真思考后再回答，最好能结合公司的管理和发展情况进行回答。如果只是简单地将原因归结为"待遇高"或者"离家近"等回答，势必会影响回答的效果。有时测试方可能会提出问题故意刁难应试者，特别是对于应聘管理或销售等职位的应试者，这种刁难可能更经常发生，这主要是为了考察应试者的反应能力。此时应该沉着应对，对于实在难以回答的问题，可以直截了当地讲明原因，或者以一些幽默的方式应付过去。如果此时不知所措，则恰恰说明了应急能力和反应能力较差。除了积极地回答测试方的提问，谈话时还要注意营造良好的面试沟通氛围。如果沟通仅限于呆板的一问一答方式，有时会让面试陷入僵局，特别是应试者需要避免回答过于简短，如果回答比提问还要简短，测试者需要绞尽脑汁来思考如何提问，这时面试往往会显得非常尴尬。作为测试方，通过谈话可以直接地、有针对性地了解应试者某一方面情况或素质。

测试方需要注意把握面谈的主题、驾驭谈话的进程、设计谈话的提问、营造积极的氛围等。当应试者回答问题偏离主题时，可利用提问控制或调整话题。当应试者回答完后，可以经过短暂的沉思后进行补充性的追问，这将激发应试者的回答，取得新的意外收获，更好地转移到下一个话题。测试方可以利用应试者的擅长之处，提出一些启发性问题，调动其进一步思索，展示应试者的才华。谈话中测试方不同的提问方式也会有不同的效果，比如谈话中最常见的封闭式提问，如"你是否能在压力下工作？"答案只有"是"或"否"两种；开放式提问，如"你如何做到在压力下工作？"不能以"是"或"否"来回答，而要进行解释。开放式提问优胜于封闭式提问，能够让应试者尽可能地发表观点和想法。

2. 观察是沟通不可缺少的手段

"观"重在表象，要求察言观色、由表及里，也就是从主观上给人一个初步评价，再由主观逐步转向客观；"察"重在实质，如果说"观"是主观上给人一个初步印象，那么"察"就是用客观来对其验证。面试沟通中，测试者通过"观察"应试者的言谈举止，经过判断，进一步了解应试者的行为类型，进而透过人的表象层面推断其深层心理。作为测试者，沟通中的观察主要体现在"看"应试者的面部表情和身体动作，"听"应试者的谈话。

面试沟通时，不同的心理特征、素质、状况，所体现的面部表情和身体动作都各不相同。比如，测试方常常会问到一些应试者预料不及的问题，如果应试者神色大变，则其不是对背景有所隐瞒，就是对工作无能为力。优秀的应试者即使遇到一时不能处理的难题，在短暂的神情波动之后，会很快镇定下来；而心理素质较差者则很难平复心境。应试者在沟通时，如果两肩微微下垂，双手持续地做着某个单调的动作，身体以较慢的速度移动，说明其情绪抑郁；如果双手不断颤抖，无休止地快速运动手脚，说明其性格急躁；如果双手紧靠身体某个部位，头部下垂，说明其不够自信，缺乏创新精神；如果手指不停摆动手里的东西或身上的衣服，膝盖或脚尖抖动，说明其紧张或焦躁不安。

"听"对于测试者是十分必要的，听应试者的谈话，巧妙引导沟通不偏离主题，思考分析应试者的回答，归纳整理其关键实质之处，准确把握对方的真实意图，获取尽可能多的信息。测试者要时刻关注应试者的思维变化、谈话内容的要点，以及语音、语气、语调、节奏的变化等各种信号，准确进行分析判断，然后采取合理有效的应对措施，比如是否听懂了提问，是否抓住了问题的要害，语言表达的逻辑性、层次性、准确性等；还要根据应试者讲话的语音、语速、语调等来判断应试者的性格特征等。沟通中听的关键在于，先不要抱有什么成见或决定，应密切注意应试者所要表达的内容及其情绪，这样才能使应试者畅所欲言，无所顾忌，而作为倾听者的测试方才能得到比较真实而完整的信息，以此作为判断和行动的依据。

3. 灵活性

面试是一种很灵活的测评方法，沟通的方式和内容具有较大的变通性。不同的职位因职位内容、职责范围、任职资格条件等不同，对应试者的要求不同，面试可以根据不同职位的特点，灵活地采用不同的方式，有侧重点地考察应试者的不同方面。在考查过程中，对于拥有不同工作经历和专业背景的应试者，需要灵活地调整提问的内容和形式，有区别地询问有关情况。

面试的问题往往是事先经过精心设计的，但在具体的面试沟通中，由于各个应试者的具体情况和表现不同，测试者可以有针对性地提问，不必拘泥于预设的题目。不同的应试者回答问题的情况不同，提问的方式和内容也应随之适当变化，如果应试者回答问题时引发出与拟定的题目不同的问题，测试者就可以顺势追问。不同的应试者回答问题所显出的信息量不同，因此测试者可以根据获得的信息是否足够来决定问题的数量。如果应试者的回答已经充分显示了某方面的信息，那么沟通过程可以适当缩短；反之，可以继续向应试者多提出一些问题，甚至延长沟通过程。

4. 互动性

面试的沟通对象由测试者和应试者组成，二者之间是双向互动的。沟通过程中，测试者通过观察和倾听，判断、评价应试者，同时应试者也可以通过观察和倾听，判断测试者的价值观点、判断标准以及自己在面试中所取得的满意程度等，并根据这些调整自己的面试行为。当然，应试者还可以通过沟通了解自己应聘单位和职位情况，判断自己是否适合该职位、是否可以接受该工作。所以说，面试不仅是测试者对应试者的一种考查，也是主客体之间的一种沟通、情感交流和能力的较量。测试者通过面试，从应试者身上获取尽可能多的有价值的信息；应试者也可以主动地抓住面试机会，捕捉到与应聘单位及职位有关的、自己感兴趣的信息，这些都对面试成功提供了帮助。

面试沟通的互动是直接的，应试者的语言及行为表现与测试者的评判是直接相连的，中间没有任何中介转换形式。应试者与测试者之间的接触、交谈、观察是相互的、面对面的，信息交流与反馈是相互作用的。面试沟通的直接互动使应试者与测试者之间的沟通效果更好，真实性更强，从而体现出面试较其他测评方式的优越之处。

5. 平等性

面试是最常用和最普通的招聘手段；98%的用人单位都将面试作为招聘新员工的主要手段。有效设计的面试可以得到充分的用于评估和权衡的信息，提高成功选用人才的几率。面试是一场选拔赛，也是雇佣双方所共同遭遇的探险经历，更应该是可能雇员与未来雇主的平等对话。在传统的观念中，面试的双方似乎是不平等的。测试者总是掌握着主动权，有权选择应试者；而应试者也总是抱着被选择的心态，争取自己的最佳表现，以得到测试方的赏识。英国未来管理学会顾问、执行教练简妮·罗杰斯曾经说过，"面试实际上是一个追逐过程，你追逐公司的同时也正被公司所追逐"，面试的双方应该是平等的。抱着双方平等的沟通心理可以取得良好的效果，展现自己的个性，真诚自信应对，和测试方之间形成一种平等的对话，这才是一个成功的应试者正确的做法。反之，就会缺乏自信、表现过分拘谨、讲话结结巴巴、语言夸张恭维，不能很好地展示自己的才能，也让测试方感到不够尊重，导致面试的失败。所以，面试应该是一个双向选择的过程，应试者在被选择的同时，也在选择测试者所招聘的职位，面试是一场应试者和测试者之间的平等博弈。

任务实施

面试沟通的基本技巧

有这样一则消息：某公司面试时，问所有的应试者什么时候可以开始工作，大部分都答了一些具体的时间，只有一个应试者回答说："现在，现在就可以，我的盒饭都买好了。"于是这个人立刻就被录用了。

该应试者的回答只是很一般、很平常的语句，却在所有应试者中脱颖而出，获得了面试的成功。这是由于在面试这样特定场合下，一些看似普通的话语却具有特别意义上的延伸或内涵。面对测试者的提问，若能在回答时心领神悟，切中要害，定能收到意想不到的效果。上面这位被录用者正是进行了合理的发挥，避实就虚，不仅婉转地回答了测试方的提问，而且也表现出自己的敬业精神和时间观念，最终成功地获得该公司的认同。面试如同其他考试、考查一样，既与平常知识经验的积累有关，也同相应技巧的使用、临场的发挥分不开，提高面试成功率，必须注意面试的特点，掌握面试的基本技巧。

一、面试的语言技巧

1. 语言表达要精练准确

面试中语言技巧使用的优劣，直接反映了应试者的知识和修养。良好的语言表达技巧，会推动面试的顺利进行，协调应试者与测试者的沟通，使测试者能够全面了解应试者的能力和素质。应试者需简洁、精炼，谈吐流利、清楚，以中心内容为线索，展开发挥，但不要将主题漫无边际地外延。为了突出自己的中心论点，应试者可采用结构化的语言，注意层次性与逻辑性。回答问题时，开宗明义，先做结论，然后再做叙述和论证，条理清晰地展开主要内容，避免议论冗长。

针对某一问题能否发表合理的、深刻的、有建设性的观点，是面试中一项重要的测评项目。为了争取测试方的认可，应试者除了要具备真才实学能够发表真知灼见，也要掌握表达自己观点的艺术，以此来促进对方对自己观点的理解和接受。

接受提问时应试者需注意听，抓住测试者提问的要点，同时合理组织自己的语言，对方未说完，绝不能打断其话头，静待对方说完后再从容不迫地发言。回答提问时，需保持与测试方的及时沟通，一定要密切观察测试方的反应；对方未听清楚，要及时重复；对方表示困惑，要加以解释或补充说明；如果对方流露出不耐烦的情绪，自行结束话题，而不要等到被打断；当问题属于中性或不易引起争论时，可直接坦率地提出自己的观点。

2. 准确掌握语音的强弱

说话声音的强弱，是一个人自信心的最直接体现。测试方对一个声音低得难以听清的应试者是绝不会有耐心的，这样的面试只会留下这样的印象：胆怯，不敢表达自己的思想或不愿和他人分享自己的经历。反之，说话声音过大也会影响测试者的情绪，使对方觉得不尊重他。因此，准确掌握语音的强弱非常重要，一般面试中，应试者可以参照测试者的声音并略微低于对方即可。

3. 语调要强弱起伏

语调的高低轻重会直接体现出应试者的情绪和心境。面试的表述应当语调强弱起伏，适时抑扬顿挫，情绪适当。有的应试者可能由于紧张或者自信心不足，在回答提问时，神色紧张，语言呆板，言之无味，给测试者留下不好的印象。综观那些在面试中脱颖而出的应试者，无一不是在对问题进行短暂的理性思索之后，将个人的情感融入见解之中，声情并茂地将自己的观点抑扬有力地表述出来的。要做到这点，需要乐观向上的自信心，不自信会造成情绪紧张，思维迟钝。另外，还要注意营造情境，以情带声，善于从生活化的事例或个人的主观感受入手，努力做到晓之以理、动之以情，使测试方产生强烈的共鸣，从而使他们看待你的眼光由审视到欣赏，由评判到认同。

4. 使用多种手段加强语势

应试者的语势往往反映应试者的逻辑思维能力和语言表达能力。良好的语势可以很好地掌控沟通的节奏，引导沟通向着利于自己的方向发展。使用各种修辞如形象化的比喻、拟人或有气势的排比等是加强语势的最佳途径；名人名言、谚语俗话或眼下较为流行的话语都可以用来论证或阐述自己的观点；还可以用带有精确数字的事例、不起眼但很有意义的轶闻趣事或经典的历史掌故对自己的观点加以补充和升华。要做到这些，需注意平时积累一些名言警句或历史典故；对他人较为新颖的表达方式，要结合自己的兴趣和习惯，灵活地加以借鉴和运用；要能把不同性质、不同类别、不同层次的事物，通过巧妙的提炼和组合，用来为自己要表达的思想服务。

此外，面试结束前，测试方一般会问这样的问题："您对该职位还有什么问题？"一方面测试方会根据问题解释前面未提到的问题，另一方面其实是在考查应试者沟通中语势的应用，也就是将沟通的方向引向己方的能力。这时候一定不要说"没有问题了"，而是最好提出一些尖锐、敏感并有深度的问题，将语势重新夺回。

总之，在实际的面试沟通中，语言、语音、语调和语势的技巧往往被同时运用。精练准确的言语、洪亮适度的声音、抑扬顿挫的语调和节奏鲜明的语势，能使面试走向成功。

二、求职面试中的语言禁忌

面试是求职的一个重要环节，如同其他考试一样，既要有经验的积累，也要有临场的发挥，语言的技巧尤其显得重要。恰当得体的语言无疑会增强竞争力，更易应聘成功。反之，不得体的语言会损害你的形象，削弱你的竞争力，甚至导致求职面试的失败。因此，在求职面试中更要注意语言的禁忌。

1. 忌问**"你们要不要……？"**

"你们要不要外地人？""你们要不要女性？""你们要招聘多少人？""你们对学历的要求有没有余地？"等。

"你们要不要外地人？"一些外地人出于坦诚，或急于得到"兑现"，一见招聘人员就说这么一句，弄得人家无话可说，因为一般情况下，招聘方总是希望多用本地人，但也没有理由说不用外地人。这要看你的实际情况能否与对方的需求接上口，让人家觉得很有必要接纳你。"你们要不要女性？"这样询问的女性，首先给自己打了"折扣"，是一种缺乏自信心的表现。面对已露怯意的女性，用人单位正好"顺水推舟"，予以回绝。你若是来一番非同凡响的介绍，反倒会让对方认真考虑。"你们要招聘多少人？"对用人单位来讲，问题不在于招几个，而是你有没有独一无二的实力和竞争力。"你们对学历的要求有没有余地？"本来，研究生、本科生、大专生，甚至于中专生，在学历上肯定是有差距的，但在能力的竞争上却是平等的，任人唯贤的例子是很多的。如果这样一问，招聘方回答没有余地，那么，你也就没有余地了。这些都是缺乏自信的表现，没有自信的人也是不受用人单位欢迎的人。

2. 忌说**"我与××相熟"**

"我与你们单位的××认识""我和××是同学，关系很不错"，等等。有熟人这种话主考官听了会反感，他会觉得你根本没有实力，就喜欢拉关系，或者是想"拉大旗作虎皮"。如果主考官与你所说的那个人关系不怎么好，甚至有矛盾，那么，你这话引起的后果就会更糟。

3. 忌急问**"你们的待遇怎么样？"**

面试时尽量不要问工资待遇。一般的单位都有固定的工资标准体系，对于应届大学生，单位一般不会在工资上破例，而且很多时候用人单位会提前公布这方面的信息，面试时不适宜过多问这方面问题。这很容易让面试官反感，"工作还没干就先提条件，何况我还没说要你呢！"。

4. 忌直说**"我不同意""我不赞成"**

某些面试可能是讨论式的，由于个人的经历不同或者所处的社会地位不同，对一些问题的看法必然会有所不同。面试官与求职者讨论问题，双方的观点可能有很大的差异，求职者在发表自己的见解时，要注意避免和面试官的直接交锋，不要直接对抗对方观点。

5. 忌直说**"我适合……，不适合……"**

如果面试官说："我们的管理人员很多，一线工人不足，愿意到一线吗？"你该怎样回答？假若你说"我适合做管理人员，而不适合去一线工作"，这样直接反对，无疑面试很难进行下去；假若你说"愿意"，而不强调自己一定要向高层次发展，对方会觉得你碌碌无为，即使在一线，无上进心也不能很好地完成工作。对此可以说："发展有难度并不等于不可能，我将尽最大努力去争取最适合我同时对公司有益的工作，并且能做好。"

6. 忌怕说**"我不懂""我不知道"**

面试中常会遇到一些不熟悉、曾经熟悉现在忘了或根本不懂的问题，面临这种情况，知之为知之，不知为不知是上策。回避问题是失策，牵强附会更是拙劣，诚恳坦率地承认自己的不足之处，反倒会赢得面试官的信任和好感。

7. 忌不敢说"您问的是不是这样一个问题？"

面试中，面试官提出的问题过大，以致不知从何答起，或求职者对问题的意思不明白是常有的事，但许多求职者碍于面子，'或者胆怯，不敢问，结果是糊里糊涂，答非所问。应该是确认提问，敢于说"您问的是不是这样一个问题？"，将问题复述一遍，确认其内容，才会有的放矢，不致南辕北辙，答非所问。

8. 忌说"我从没失败过""我可以胜任一切"

这种说法是自诩，自诩是一种以自我为中心的不切实际的言语辐射，它往往使交流对象感到失去了自己的交际价值。自诩有自我吹嘘和借夸两种表现形式。自我吹嘘者往往言过其实地突出自己的某些情节、某项成就、某种特长。比如，考官问："请你告诉我你的一次失败经历。""我想不起我曾经失败过。"又如，"你有何优缺点？""我可以胜任一切工作。"这常常会让面试官产生逆反心理，对你的才能乃至人品产生怀疑，故反倒破坏自己的形象。借夸则不同，它是故意搬出与自己相似相近的某个人，把他品行才干方面的一些与自己相关的杰出表现大肆渲染，作一番夸耀；或者大言不惭地吹嘘自己与某些名人、大人物的交往，借此抬高自己的身价，这也是一种变相的自夸，同样令人生厌。

三、副语言沟通的基本技巧

副语言沟通是指通过身体动作、体态、语气语调、空间距离等方式交流信息、进行沟通的过程。在沟通中，信息的部分内容往往通过有声语言来表达，而副语言则作为提供解释内容的框架来表达信息的相关部分，副语言沟通对沟通的有效性有着重要意义，而面试由于其在招聘环节中的地位和自身的特点，更加突显了副语言沟通的重要性。

1. 身体语言

身体语言又称行为语言，是指通过人体各部分动作来传递信息、沟通交流的非语言符号。它既可以是动态的，也可以是静态的；可能是有意识的，也可能是无意识的。换句话说，你的身体任何时候都会"说话"。根据人体的部位，体态语言又可细分为首语、面部表情语、手语言、臂语言和脚语等。在面试中，正确地传递和接收头部、脸部、手部、臂部、脚部等的信息，有助于增加成功的概率。

头部语言，简称首语，是指运用头部动作、姿态来交流信息的非语言符号。在面试中，测试者根据应试者的头部动作，常常就能了解应试者的态度、情绪等，而且可以对应试者是否自信进行推断。而对应试者来说，及时捕捉测试者通过头部语言透露的信息，也有利于找到测试者对自己看法的蛛丝马迹。

面部表情语是指运用面部器官，如眉、眼、鼻、嘴来交流信息和表达情感的非语言符号。而在面部表情语中，最有表现力的当属眉眼语和微笑语。眉眼语，顾名思义指运用眉毛和眼睛的动作、姿态所表达的副语言符号，眼睛的微观动作具有显示内心情感的语言功能。在面试中，应聘者如果不注视对方或回避对方的视线，一般会传递出负面的信息，如不诚实、有所隐瞒、不自信等；如果长时间注视对方，则有向对方挑衅或施加某种压力的嫌疑；而注视时间太短，则又会让对方觉得你对谈话内容不感兴趣或厌恶。因此，在面试过程中，最好保证注视时间占谈话时间的 30%～60%。视线的角度和视线停留的部位也有不同的含义。在面试中，应试者可以采用视线向上，表示尊敬、敬畏，也可用平行视线表达出理性与冷静，但视线停留的部位最好是在对方以双眼为上线，以嘴为下顶角的三角形区域。

手语言是指通过手的动作和姿势表达信息、传递感情的非语言符号。面试沟通过程中，手势语使用的频率和幅度也值得关注，过多的手势语和幅度过大的手势，往往会给人造作之感，而且过多的信息也容易被对方曲解。另外臂的动作也可以显示出一个人的心理状态和性格特征。应试者如果采用"握臂"或"局部臂交叉姿势"，则会显示出内心紧张并竭力掩饰的自制信号。

脚语言则是指通过脚的动作和姿势来表达信息、传递感情的非语言符号。应试者的脚步沉稳，表示其沉着、踏实；脚步轻快可反映其内心的愉悦；脚步小且轻，表示其谨慎、服从。此外，脚语还能透露出人的心理指向，二郎腿则可能表明不服输的对抗意识，或是有足够的自信，或是有强烈的显示自己的欲望。

2. 形象语言

形象语言，指通过相貌、穿着、打扮等来传递信息、表达情感的非语言符号。作为一种非语言符号，形象语言具有交际功能，能够表明主体的身份、地位和职业，而且也可以表现情感和价值观念。在面试中，应聘者应根据面试的公司、应聘的职位、面试的时间、面试的地点等，选择得体的衣着服饰。一般情况下，面试场合以正式、职业、稳重的形象为宜，太过休闲和放松易给人以轻浮之感。面试者可以选用深色的制服、套装、套裙，因为深色调的服装能给人成熟、稳重、权威的感觉，套装也能传达出成熟、干练等素质，从而能向测试者传递出精明干练、办事可靠、对工作负责等信息，有助于应试者在面试中脱颖而出。

任务二
人际沟通

案例导入

春秋战国时期，有一位著名的医生，他的名字叫扁鹊。有一次，扁鹊拜见蔡桓公，站了一会儿，他看看蔡桓公的脸色说："国君，你的皮肤有病，不治怕要加重了。"蔡桓公笑着说："我没有病。"扁鹊告辞。走了以后，蔡桓公对他的臣下说："医生就喜欢给没病的人治病，以便夸耀自己有本事。"过了十几天，扁鹊又前往拜见蔡桓公，他仔细看看蔡桓公的脸色说："国君，你的病已到了皮肉之间，不治会加重的。"桓公见他尽说些不着边际的话，气得没有理他。扁鹊走后，桓公还闷闷不乐。再过十几天，蔡桓公出巡，扁鹊远远地望见桓公，转身就走。桓公特意派人去问扁鹊为什么不肯再来相见，扁鹊说："皮肤上的病，用药物敷贴可以治好；在皮肉之间的病，用针灸可以治好；在肠胃之间，服用汤药可以治好；如果病入骨髓，那生命就掌握在司命之神的手里了，医生是无法可医了。如今国君的病已深入骨髓，所以我不能再去相见了。"蔡桓公还是不相信。五天之后，桓公遍身疼痛，连忙派人去找扁鹊，扁鹊已经逃往秦国躲起来了。不久，蔡桓公便病死了。

蔡桓公贵为国君，又有名医扁鹊在侧，却因为小病送掉了性命，原因是什么呢？是由于沟通过程不完善。这个过程就是指一个信息的传送者（扁鹊）通过选定的渠道（合适的表达方式）把信息（蔡桓公有病）传递给接收者（蔡桓公）的过程。扁鹊不善于营造良好的沟通氛围，不善于选择恰当的沟通用语，所提供的信息内容不够清晰，而蔡桓公原来就有怕生病的心理障碍，对医生存有偏见，所以蔡桓公根本不能接受扁鹊传递的信息，以致造成悲剧。这是一个失败的沟通。

古代也有善于沟通的故事。《邹忌讽齐王纳谏》就是大臣与君王沟通成功的典型例证。邹忌为了让齐威王勇于纳谏，前去上奏。邹忌见齐威王后，并没有单刀直入地向威王进谏，而是先讲自己的切身体会，用类比推理的方式讲出"王之蔽甚矣"。他先叙述了妻、妾、客蒙蔽自己的原因，然后从自己的生活小事推至治国大事，说明齐王处于最有权势的地位，因而所受的蒙蔽也最深。没有对威王的直接批评，而是以事设喻，启发诱导齐威王看到自己受蒙蔽的严重性，从而使他懂得纳谏的重要。邹忌以自己的亲身经历为依据，推己及人，进行了一次成功的沟通。

任务描述

假如扁鹊也能在沟通上多动脑筋，也许结果就不是这样。那么，现代社会里，工作中的沟通技巧有哪些呢？

相关知识

一、人际沟通的内涵和一般原理

美国著名学府普林斯顿大学对一万份人事档案进行分析，结果发现，"智慧""专业技术"和"经验"只占成功因素的25%，其余75%决定于良好的人际沟通。

沟通是人与人之间、人与群体之间思想与感情的传递和反馈的过程，以求思想达成一致和感情的通畅。沟通包括语言沟通和非语言沟通，语言沟通是包括口头和书面语言沟通，非语言沟通包括声音语气（比如音乐）、肢体动作（比如手势、舞蹈、武术、体育运动等），最有效的沟通是语言沟通和非语言沟通的结合。

沟通的要素包括沟通的内容、沟通的方法、沟通的动作。就其影响力来说，沟通的内容占7%，影响最小；沟通的动作占55%，影响最大；沟通的方法占38%，居于两者之间。

有效的人际沟通是指沟通者为了获取沟通对象的反应和反馈而向对方传递信息的全部过程。一个有效的沟通过程必须满足五个基本要素：信息、沟通者、沟通对象、过程、反应和反馈。

首先，我们应明确什么是对方需要的和能帮助有效达成目标的信息。在当今信息爆炸的社会，信息是多样和混乱的，如果我们提供的是无效或错误的信息，那我们后面的一切工作都是徒劳，甚至起反面作用。所以，沟通形式可能是一些符号，但其内容必须是有意义的。假如一个秘书在向老板汇报工作时，无中心无内容，虽很细致，也很敬业，但还不是合格的秘书；销售人员在推销产品时，不能将产品的主要功能、优点和向客户提供的利益表达清楚，那将肯定是一次失败的推销。

其次，沟通的方法也是多种多样的，可以是语言、文字，也可以是行为、表情，可利用各种媒体工具，也可以以会议、讲座等方法，关键看传播的受众效果。如新产品上市，可以开展媒体（广播、电视、户外广告）宣传，也可通过上门推销、售点展示、新闻发布会、路演、公益赞助等方式，选择哪一种方式要根据产品定位、企业资源、执行能力等而定。

再次，沟通的双方应作好角色定位。沟通对象不同，沟通的目标和方法也是不同的，不同的目标和方法必然带来不同的结果。向不穿鞋子的地区推销鞋子和向和尚推销梳子，都是徒劳的。将沟通对象准确定位，会产生迥然不同的结果。

最后是反馈，没有反馈的沟通是无效的沟通。通过反馈可以检讨沟通的效果，并改进沟通的方法，再通过多次的反复过程使沟通达到最佳效果。可口可乐业务拜访的八步骤是一种有效的客户和消费者沟通的方式。工作人员通过拜访了解到产品销售状况、客户异议、竞争态势等有效信息，为公司发展提供有效帮助。而倾听反馈是最重要的，销售人员通过倾听、确认、探索、回应的过程，对沟通的反馈进行有效回应，从而使拜访成为一次有效的沟通过程。

一个有效的人际沟通过程的一般原理是：

1. 人际沟通的目的性

人与人沟通时，有其目的性存在。比如你在一个城镇中迷路了，想开口问路，其目的就是希望能够获得帮助，不论你问的是什么对象，一名警察或是小孩，不论你的语气是和缓或着急，均有一个你所要设法求得的目的性存在，就是你想知道你身处何方，如何找到你要走的路。又比如向人借东西，有许多话也许是多余的，因为不好意思开口而拐弯抹角地说，但其目的仍是为了要跟人借东西而做的沟通。

2. 人际沟通的象征性

沟通可能是语言性的也可能是非语言性的，如面部表情能够表现出你的非语言沟通，书信、文章或文摘等能够传达出其表现的含义，均有一种象征性的作用。又比如吵架，破口大骂是一种非理性的沟通方式，但冷战不说话，双方也能够明白对方所表达的意思。对一个人而言，亲切的笑容、优雅的姿态本身就是一种沟通，因为，良好的环境、和蔼可亲的态度、一丝不苟的工作本身就传达着一种积极的信息。

3. 人际沟通的关系性

人际沟通的关系性是指在任何的沟通中，人们不只是分享内容意义，也显示彼此间的关系。在互动的行为中涉及关系中的两个层面，一种是呈现于关系中的情感，另一种是界定关系中的主控者。关系的控制层面有互补的也有对称的。在互补关系中，一人让另一人决定谁的权力较大，所以一人的沟通信息可能是支配性的，而另一人的信息则是在接受这个支配性。在对称关系中，人们不同意有谁能居于控制的地位，当一人表示要控制时，另一人将挑战他的控制权以确保自己的权力；或者是一人放弃权力而另一人也不肯承担责任。互补关系比对称关系较少发生公然的冲突。

4. 人际沟通的后天性

因为人际沟通好像是自然的、与生俱来的能力，所以很少有人注意沟通形态与技巧，有时把一些沟通上或态度上的错误都想成"这是天生的，无法改变的"，就不试着去改变自己的错误沟通态度。其实沟通需要学习，我们要试着去观察周围环境的人，谁的沟通技巧好，谁的态度顽固不化，都值得我们学习或借鉴。我们必须学好人际沟通，而且要不断地从学习和练习中获益。

二、人际沟通的过程模式及类型

根据信息载体的异同，沟通可以分为语言沟通和非语言沟通。言语沟通建立在语言文字基础上，又可分为口头信息沟通和书面信息沟通两种形式。

（一）语言沟通

1. 口头信息沟通

绝大部分的信息是通过口头传递的。口头信息沟通方式十分灵活多样，它既可以是两人间的娓娓深谈，也可以是群体中的雄辩舌战；既可以是正式的磋商，也可以是非正式的聊天；既可以是有备而来，也可以是即兴发挥。

（1）口头信息沟通的优点。信息可以在最短的时间内被传送，并在最短的时间内得到对方回复。如果接收者对信息有疑问，迅速的反馈可使发送者及时检查其中不够明确的地方并进行改正。良好的口头信息沟通有助于对问题的及时了解。

（2）口头信息沟通的缺点。信息从发送者一段段接力式传送过程中，存在着巨大的信息失真的可能。每个人都以自己的偏好增删信息，以自己的方式诠释信息，当信息经过长途跋涉到达终点时，其内容往往与最初的含义存在着较大的偏差，而且这种方式不是总能省，有时甚至浪费时间。

2. 书面信息沟通

适合于口头沟通的原则同样适合于书面沟通。书面沟通的技巧就是要设法使读者有欲望读下去，这意味着：你要先确定想要表达的主要意思，然后用合适的方式将它表达出来。不管是使用何种书面沟通方式，重要的是保证表达能够被理解。

（1）书面信息沟通的优点。书面记录具有有形展示、长期保存、有法律保护依据等优点。一般情况下，发送者和接收者都拥有沟通记录，沟通的信息可以长期保存下去，如果对信息的内容有疑问，过后的查询是完全有可能的，对于复杂或长期的沟通来说，这尤为重要；同时，由于要把表达的内容写出来，可以促使人们对信息更加认真地思考，因此，书面沟通显得更加周密、条理清楚。

（2）书面信息沟通的缺点。耗费时间较长，同等时间的交流，口头比书面所表达的信息要多得多。事实上，花费 1 小时写出来的东西可能只要 15 分钟左右就可以表达完。书面沟通的另一个缺点是：不能及时提供信息反馈。口头沟通能够使接收者对其所听到的东西及时提出自己的看法，而书面沟通缺乏这种内在的反馈机制，其结果是无法确保所发出的信息能够被接收到。

（二）非语言沟通

1. 非语言沟通的内涵与范畴

非语言沟通是指通过某些媒介而不是讲话或文字来传递信息。闪烁的红绿灯、慷慨激昂的语调都属于此类。教师上课时，当看到学生们无精打采的眼神及百无聊赖的表情时，就知道学生已经通过无声的方式明确地表达了他们的厌倦之情。一个人的衣着打扮、谈话时的举止也无不向别人传递了某种信息。

非语言沟通的内涵十分丰富，包括副语言沟通、身体语言沟通和物体的操纵等多种形式。

（1）副语言沟通。最新的心理学研究成果表明，副语言在沟通过程中起着非常重要的作用。一句话的含义往往不仅取决于其字面的意义，而且取决于它的弦外之音。副语言分为口语中的副语言和书面语中的副语言。口语中的副语言是通过非语言的声音，如重音，声调的变化、哭、笑、停顿来实现的。语音表达方式的变化，尤其是语调的变化，可以使字面相同的一句话具有完全不同的含义。书面语中的副语言是通过字体变换、标点符号的特殊运用以及印刷艺术的运用来实现的，例如某几个字加着重号或用黑体强调。

（2）身体语言沟通。在沟通过程中，人们无不处于特定的情绪状态中。这种情绪状态，除了可以用直接的表达或副语言告知对方外，还可以委婉地以身体语言表达。身体语言沟通用目光、表情、势态、衣着打扮等形式来传递或表达沟通信息。

人们可以通过面部表情、手部动作等身体姿态来传达诸如攻击、恐惧、愤怒、愉快、傲慢等情绪或意图。例如，在你很忙碌的时候，有邻居来借件东西，你给了他东西后，他却仍然待在你家与你聊天。你内心肯定希望邻居赶快走，可是在表面上你只能很礼貌、专注地听着，于是通过东挪挪室内的花瓶，西移移室内的摆设来暗示这位邻居"该是你离开的时候了"。除非这位邻居没有感觉或者太专注于自己的话题，否则谈话很可能因此而结束。

沟通者的服饰往往也扮演着信息发送源的角色。人们习惯认为，穿黑色衣服常被视为是严肃、庄重的。如果一位领导穿着运动服在训斥下属，那么他说话的权威性将大大降低，下属容易产生不认同感，或者偏向认为领导只是很随意地说说。在正式的谈判中，如果有一方举止随便的话，很容易被对方视为轻视，不尊重自己，也就容易导致谈判失败。

（3）物体的操纵进行非语言沟通。除了运用身体语言之外，人们也能通过物体的运用、环境布置等手段进行非语言的沟通。

2. 非语言沟通的意义

有效运用非语言沟通在人际沟通中十分重要。在面对面的沟通过程中，那些来自语言文字的社交意义不会超过 35%，而 65% 是以非语言方式传达的，因此，正确运用非语言沟通，有助于你获得良好的人际关系。

（1）丰富的表情。表情是仅次于语言、最常用的一种非语言符号，因此，交际活动中面部表情备受人们的注意。而在千变万化的表情中，眼神和微笑是最常见的交际符号。

（2）合理的空间距离。常见的沟通距离有：①亲密区。与对方只有一臂之遥，适合进行较敏感的沟通。只有较亲密的人，才允许进入该区，如果陌生人进入，人们通常会感到不舒服，并设法拉开距离。②私人区。朋友之间交谈的距离，保持在一臂之遥到距离身体 0.76~1.2m。③社交区。延伸到距身体 2.1~3.6m 远，适合于一般商务及社交的来往。例如，多数办公桌的设计，都是要人们坐在社交区的范围内。④公共区。更远，至距身体 3.6m 外，是人们管不到，也是可以不理会的地方。

（3）恰当的副语言。一般来说，人在高兴、激动时，语调往往清朗、欢畅，如滔滔海浪；而悲伤、抑郁时则黯淡、低沉，如幽咽泉流；平静时畅缓、柔和，如清清小溪；愤怒时则重浊、快速，如出膛的炮弹。从一句话的字面看，往往难以判定其真实的含义，而它的弦外之音则可传递出不同的信息。恰当的语调、音调和语速可以完整正确地传递人与人之间的信息和情感，加深沟通的程度。

（4）优雅的态势。态势是说话者传情达意的又一重要手段，一种沟通"语言"，它包括说话者的姿态、手势、身体动作等，既可以帮助说话，又可以诉诸对方视觉的因素。态势作为一种沟通语言，我们在说话中应怎样正确地运用它呢？①态势要美观。站着说话时，身体要伸直，挺胸、收腹，重心放在两腿之间，两臂自然下垂，形成一种优美挺拔的体态，使对方感觉到你的有力和潇洒，留下良好的印象。坐着说话时，上身要保持垂直，可轻靠在椅背上，以自然、舒适、端正为原则；双手可以放在腿上，或抱臂。无论是坐姿还是站姿，在非正式场合可随便一点，但在正式场合就要有明确的目的。我们在说话时，一举手一投足，都要使其有内在的根据和清楚的用意，这样才能更好地发挥态势语的表达和交流作用，就能更有助于获取说话的最佳效果。②态势要确切精练。说话时，我们运用态势语的主要目的是要沟通感情、补充或加强话语语气、帮助对方理解，因此，态势要精练，不要太"花"，要以少胜多、恰到好处。例如手势动作，如果不间断地随便使用，或者多次重复使用同一种手势，就有可能丧失它的功效。③态势要得体。说话时要根据环境和对象运用各种态势语。在长辈和上司面前不要用手指指点点，更不要勾肩搭背，否则就会被看做是一种失礼行为；在同辈和亲朋好友面前可以随便一点，但也要掌握分寸，切忌用手指点他人的鼻子和眼睛。要时刻注意你的各种态势应与你的说话内容默契配合，自然灵活，恰到好处。

三、影响人际沟通的因素

人际沟通不可能在真空中进行，它会受到客观环境中许多因素的干扰。同时，沟通者个人的生理、心理等因素也会对沟通产生影响。

（一）客观环境因素对沟通的影响

（1）嘈杂声的干扰。如门窗开关的碰击声、邻街的汽车声和叫卖声、邻室的音响声、各种机械噪声以及与沟通无关的谈笑声，等等。

（2）环境氛围的影响。如房间光线昏暗，沟通者看不清对方的表情，室温过高或过低、难闻的气味等，会使沟通者精神涣散，注意力不集中；单调、庄重的环境布置和氛围，有利于集中精神、进行正式而严肃的会谈，但也会使沟通者感到紧张、压抑而词不达意；色彩鲜丽活泼的环境布置和氛围，可使沟通者放松、愉快，有利于促膝谈心。

（3）隐私条件的影响。凡沟通内容涉及个人隐私时，若有其他无关人员在场，缺乏隐私条件，便会干扰沟通。回避无关人员的安静场所则有利于消除顾虑、畅所欲言。

（二）个人因素对沟通的影响

个人因素范围较广，既有生理性的因素，也有心理、社会性的因素，其中与沟通有较密切关系的因素包括：

1. 生理因素的影响

例如暂时性的生理不适，像疼痛、气急、饥饿、疲劳等，会使沟通者难以集中精力而影响沟通，但当这些生理不适消失后，沟通就能正常进行。永久性的生理缺陷，则会长期影响沟通，如感官功能不健全（听力不足、视力障碍，甚至是聋哑、盲人等），智力发育不健全（智力障碍、痴呆等）。与这些特殊对象进行沟通便要采取特殊方式，如加大声音强度和光线强度，借助哑语、盲文等。

2. 情绪状态的影响

沟通者处于特定情绪状态时，常常会对信息的理解"失真"。例如，当沟通者处于愤怒、激动状态时，对某些信息的反应常会过分（超过应有程度），这也会影响沟通。

3. 个人特征的影响

现实中每个人都会因其生活环境和社会经历的不同而形成不相同的心理、社会特征，许多特征都会不同程度地对人际沟通产生影响。人格对人际沟通的影响包括如下一些方面：

（1）性格特征的影响。例如两位性格都很独立、主观性又很强的人相互沟通，往往不容易建立和谐的沟通关系，甚至会发生矛盾冲突。而独立型性格的人与顺从型性格的人相互沟通，则常常因为"性格互补"而建立良好的沟通关系，有利于沟通的顺利展开。一般来说，与性格开朗、大方、爽快的人沟通比较容易，而与性格内向、孤僻、拘谨、狭隘的人沟通往往会遇到许多困难。

（2）认识差异的影响。由于个人经历、教育程度和生活环境等不同，每个人的认识范围、深度、广度，以及认知涉及的领域、专业等都有差异。一般来说，知识水平越接近，知识面重叠程度越大（例如专业相同或相近等），沟通时越容易相互理解。知识面广、认知水平高的人，比较能适合与不同认知范围和水平的人进行沟通。

（3）文化传统影响。文化发展具有历史的延续性，不同地域、不同民族的文化在长期的发展过程中会形成许多具有鲜明地域性和民族性的特征，从而形成特定的文化传统。这种文化传统的影响定势总是在左右着每个人的行为，形成它们既有共性又有个性的"文化"特征。一般来说，文化传统相同或相近的人在一起会感到亲切、自然，容易建立相互信任的沟通关系。当沟通双方文化传统有差异时，理解并尊重对方文化传统将有利于沟通；反之，将对沟通产生不利影响。

4. 沟通技能的影响

有的人口才很好而写作不行，口头交流时讲得头头是道，但书面交流则困难重重；有的人正好相反。另外，像口齿不清、地方口音重、不会说普通话、书面记录速度慢等，也属沟通技能方面的问题，也会影响沟通。人际沟通的情境千差万别、千变万化，其影响因素也颇为复杂多样。了解一些常见的影响因素，有利于沟通者在设计沟通时"兴利除弊"，在沟通时随机应变。

一个人应有较好的心理素质和较强的调适能力，才能进行成功沟通。沟通既是人际的交流，也涉及组织之间的交流。进行人际沟通是工作中最为常见的内容，许多具体工作都是从有效的沟通开始的，因此，正确理解沟通的含义，正确使用沟通的技能也就成为一个人的基本素质要求之一。

任务实施

工作的沟通技巧

在工作中要想做好沟通，不仅要有良好的方法，而且要学会相应的技巧。

在与客户沟通时要尊重客户，关心客户，不与客户发生冲突。

1. 巧用智慧，着眼细节，展现完美沟通

细节决定成败。在与客户沟通的任何情况下，都不能忽略细节的作用。在日常接待或电话沟通时，都需要讲究技巧，从细节中获得力量。比如，当你无法满足客户的需求时，要将生硬的拒绝转变为服务性、礼貌性的拒绝。要懂得语言沟通的艺术，不要在观点不一时将自己的意见强加于人。在对待无聊的玩笑时，既不要板起面孔制造尴尬，亦不要不声不响照单全收，要以委婉的方式暗示对方"此种话题不受欢迎"。

2. 沉默是金，雄辩是银，倾听客户需求

法国有句谚语：沉默是金，雄辩是银。得体的语言沟通一样，恰到好处的沉默与倾听也是一种沟通艺术，运用得当常会收到"此时无声胜有声"的效果。世界上最伟大的推销员乔·吉拉德曾说过："世界上有两种力量非常伟大，其一是倾听，其二是微笑。倾听，你倾听对方越久，对方越愿意接近你。据我观察，喋喋不休的工作者，他们的业绩总是平平，上帝为什么给了我们两个耳朵一张嘴呢？我想，就是要让我们多听少说吧！"

3. 尽职尽责，换位思考，赢得客户满意

在与客户沟通时，要充分了解客户的想法，满足客户的需求。沟通时要注意客户说什么，理解含义，及时给予客户信息反馈。还可以通过发放调查问卷、客户资料查询等方式，了解客户的需要。

4. 建立感情，提升信任，促使合作成功

与人商务会面的初始阶段，其实就是与人沟通感情的交际阶段，在交际中寻找共同点的说话艺术，俗称"套交情"，也叫"名片效应"或"认同术"。认同是交际中与客户沟通情感的有效方式。在商务活动中认同是要在交际双方的经历、志趣、追求、爱好等方面寻找共同点，诱发共同语言，为交际创造一个良好的氛围，进而赢得对方的支持与合作。

在工作中要处理各种事务，沟通就是工作中的润滑剂。在与领导、同事和客户沟通时要根据不同主体的不同特点而采用不同的方法，与领导沟通中最为重要的是不擅权越位，与同事沟通时最重要的是以诚待人，与客户沟通时最重要的是对客户显示出积极的态度。做好了这些，会使工作变得轻松而有成效。

思考与练习

1. 你要去参加一次重要的面试，可因为走得太匆忙，快到了才发现自己穿了一双拖鞋。如果回去换，已经来不及了，想再买一双呢，自己又没有带钱。你发现一个人刚买了一双比较高档的新皮鞋，你估计能穿，而你身上只带了一个特地为爸爸买的价值20元的打火机，于是你打算用这个打火机来换取穿一次他的皮鞋的机会（只是穿一次），可是对方说了不愿意跟你换的三个理由：①鞋是新买的，他自己都还没有穿呢；②他不用打火机；③害怕你穿了不还。你怎么说服他？

2. 假如你是救助残疾儿童募捐活动的志愿者，抱着募捐箱正在路口向行人募捐，这时走过来一位拉着女儿的30岁左右的妇女，你会怎样委婉、得体地劝说她献出爱心？

项目六　介绍与解说

任务一
介绍

案例导入

　　一次公司的聚餐会上，一位新员工提议大家祝酒，他说："大家喝！"大家看着他，没有人响应，他又说："大家喝！"还是没有得到大家的响应。因为在这个场合里，他年龄最小，大家几乎都不认识他。

任务描述

　　很明显，这位新员工缺乏自我介绍。那么，自我介绍的基本要求是什么？介绍他人的时候又应该注意什么？

相关知识

　　介绍从某种意义上说，是进行社会交往的一把钥匙，它是交际中常用的一种口语表达方式。人与人之间的介绍，是社交中人们相互认识、建立联系必不可少的手段。介绍帮助双方增进了解，建立关系，寻求帮助，获得支持。根据作介绍的人不同，介绍又可以分为自我介绍和他人介绍两种基本类型。

一、自我介绍

（一）自我介绍的意义

　　自我介绍是指人们在社交场合中向他人介绍自己的过程。自我介绍是推销自己的形象和价值的一种方法与手段，目的是让对方能记住自己。

（二）自我介绍的技巧

　　第一次见面后，记住别人是一门功课，而让别人记住则是一门技巧。恰当得体、别具一格的自我介绍能会给对方留下深刻、良好的印象。反之，假若在介绍自己时给对方留下不好的第一印象，它还将成为彼此进一步交往的障碍。由此可见，自我介绍也是一门学问和艺术，需要我们掌握必要的技巧和尺度。

下面介绍几种自我介绍的技巧：

1. 把握时机

选好时机，态度礼貌。作自我介绍时，应选好时机，选择对方心情愉快、有闲暇、有兴趣的时候进行。如果对方情绪不佳、正在忙着接待别人或者处理工作，就不要贸然上前打扰。

2. 掌握长度

自我介绍时还要简洁、言简意赅，尽可能地节省时间，以半分钟左右为佳，而且越简短越能让人印象深刻。说得多了，交往对象未必记得住，还可能产生反效果。为了节省时间，作自我介绍时，还可递上名片、介绍信加以辅助。

3. 注意方法

进行自我介绍，应先向对方点头致意，得到回应后再向对方介绍自己。无论如何不要唐突地问别人："你叫什么名字？"因为人们一般都不习惯主动地自报姓名，即使要问也应该说得婉转一点，如："对不起，不知该怎么称呼您。"

如果有介绍人在场，自我介绍则被视为不礼貌的。应善于用眼神表达自己的友善、关心以及沟通的愿望。

如果想认识某人，最好预先获得一些有关对方的资料或情况，诸如性格脾气、兴趣爱好等。这样在自我介绍后，便很容易展开进一步的交谈。在获知对方的姓名之后，不妨口头重复一次，一来方便自己记住，二来也能让对方感觉到受重视。

演练

请两位同学上台互相各做半分钟的自我介绍，台下同学为他们的表现做出评价。

二、他人介绍

（一）他人介绍的意义

在社交场合，我们往往有为不相识者彼此引见一下的义务，这便是为他人作介绍。他人介绍是经第三者为彼此不相识的双方引见、介绍的一种介绍方式。他人介绍通常是双向的，即将被介绍者双方各自均作一番介绍。

善于为他人作介绍，一方面是展示自己的社交能力、为人处事的能力和素养；另一方面可以使你在社交群中享有更高的威信和影响力。

如果是在一般的非正式场合，则不必过于拘于礼节，应以自然、轻松为宗旨。也不必讲究先介绍谁，后介绍谁的规则。最简单的方式就是直接报出被介绍者各自的姓名。也可以加上"这位是""这就是"之类的话以加强语气，使被介绍人感到亲切和自然。下面重点介绍在较为郑重的正式场合，应如何为他人作介绍。

（二）介绍人

一般身份地位高者、长者、特邀贵宾在社交或商务场合与某些人相识时，常常需要由他人来作介绍。为他人作介绍，在不同场合由不同人承担，公关礼仪人员、单位领导、东道主或与双方都相识的人，都是合适的介绍人。在公务交往中，介绍人应由公关礼仪人员、秘书担任；在社交场合，介绍人则应由主办人或与被介绍的双方均有一定交情者充当。

（三）被介绍者的先后顺序

将许多人介绍给一个人时，应依照一定的顺序进行。而在正式场合的社交礼仪中，介绍的先后顺序应坚持"尊者居后"的原则，如表 6-1 所示。

表 6-1　被介绍者的先后顺序

先介绍	后介绍
男士	女士
晚辈	长辈
客人	主人
未婚者	已婚者
职位低者	职位高者
个人	团体
晚到者	早到者

演练

天成公司董事长、经理和经理助理一行三人应邀到金石公司参加一个活动，在金石公司大门等待的是公司董事长、经理和礼宾工作人员。双方见面时，应分别由谁来介绍？介绍的顺序是怎样的？请模拟情景双方做一下介绍。

三、介绍的分类

由于场合不同、实际需要不同，为他人作介绍时的内容也会有所不同。

1. 简介式介绍

适用于一般场合，内容只有双方姓名一项，甚至只提到双方姓氏为止。接下来，就由被介绍者见机行事。如："让我来介绍一下，这位是张教授，这位是刘教授。"

2. 标准式介绍

适用于正式场合，内容以双方的姓名、单位、职务等为主。如："我来为两位引见一下。这位是天时音像公司公关部马菲小姐，这位是五彩云文化传播有限公司总经理林大力先生。"

3. 强调式介绍

强调式介绍除了介绍被介绍者的姓名外，往往还会刻意强调一下其中被介绍者与介绍者之间的特殊关系，以便引起另一位被介绍者的重视。如："这位是我的女儿刘晓，请杨总多多关照。"

4. 引见式介绍

引见式介绍适用于普通的场合，介绍者所要做的是将被介绍者双方引到一起即可。例如，在一次联谊会上，主办人可以这样说："大家以前都是校友，但有的不在一个年级，请大家相互认识一下吧。"

5. 推荐式介绍

推荐式介绍适用于比较正规的场合，介绍者需要经过精心准备，目的是将某人举荐给某人，介绍时通常会对被介绍者的优点加以重点说明。如："他是首位登上《福布斯》杂志封面人物的企业家，著名的阿里巴巴集团、淘宝网、支付宝创始人——马云。"

演练

你的上司杜经理邀请另一家公司的高管设计总监陈飞来访，他是经济学博士，你认为采用哪种介绍形式向经理介绍他较为合适？请尝试为陈飞做个介绍。

_____

_____

任务实施

一、自我介绍的基本要求

自我介绍能在一定程度上反映一个人的口头表达能力、综合分析能力、人际交往能力等。因此，自我介绍要做到以下几点：

（1）镇定自信，落落大方。

（2）音量适中，口齿清晰。

（3）不卑不亢，真诚热情。

（4）繁简适当，语速相宜。

（5）把握分寸，褒贬有度。

二、绍人的陈述及注意点

（1）介绍人在作介绍时要先向双方打招呼，使双方都有思想准备。

（2）介绍人在介绍之前必须了解被介绍双方各自的身份、地位以及对方有无相识的愿望，或衡量一下有无为双方介绍的必要，再择机行事。

（3）介绍内容真实准确，简明扼要，一分钟以内为宜。

（4）在较为正式的场合，介绍人的介绍语应使用敬语。如："尊敬的威廉·匹克先生，请允许我向您介绍一下……"或者说："王总，这就是我和你常提起的晏博士。"

（5）避免过分赞扬某个人，不要给人留下厚此薄彼的感觉。

（6）在介绍别人时，切忌把复姓当做单姓，常见的复姓有"欧阳""司马""司徒""上官""诸葛""西门"等，注意不要把"欧阳明"称为"欧先生"。

（7）介绍人在介绍后，不要随即离开，应给双方交谈提示话题，可有选择地介绍双方的共同点，如：相似的经历、共同的爱好和相关的职业等，待双方进入话题后，再去招呼其他客人。当两位客人正在交谈时，切勿立即给其介绍别的人。

任务二
解说概述

著名作家冰心在一次少年儿童文艺座谈会上说起有关科学家高士其的小故事："我记得有一次医生给我家人看病，病人正在发烧，医生就给化验了白血球，说是白血球太高了，一定是身体里有地方发炎。我家的孩子就问：人身上白血球高是怎么回事？高士其告诉孩子，红血球好比一个国家里的老百姓，白血球就像国家里的军队和警察，是专政的工具。在一般健康的情况下，白血球只保持一定的数量。白血球多了，说明'国家'不稳定，有敌人来侵犯或内部发生动乱，于是军队、警察便来镇压了。人身上长疮、发炎、化脓，这脓就是在和细菌战斗中壮烈牺牲的白血球！这样讲，孩子们听得很有兴趣，也记得很清楚。"

冰心用生动形象的语言解说医学病理，孩子们听得很有兴趣。那么，解说有什么具体要求呢？

在日常生活和职场中，介绍产品、讲解展览、解说景点、汇报情况、阐述计划等，都要运用解说，因此解说不仅是一种重要的生活技能，也是各行各业必须掌握的一种职业技能。解说的实用性主要体现在它的知识性、通俗性与生动性。只有让解说的内容容易被人们接受，才能使它在日常生活与职业活动中发挥积极的作用。本主题重点介绍运用较为广泛的产品解说和环境解说。

一、解说的定义

解说，就是以简明易懂、生动形象的语言说明事物、事理。解说往往是用言简意明的文字，把事物的形状、性质、特征、成因、关系、功能等讲清。被解说的对象，有的是实体的事物，如：山川、江河、植物、文具、建筑、器物等；有的则是抽象的道理，如：思想、意识、修养、观点、概念、原理、技术等。

演练

宁波水磨年糕用当年新产的晚粳米制作，经过浸泡、磨粉、蒸粉、搡捣的过程，分子进行重新组合，口感也得以改善。搡捣后的米粉团，在铺板上使劲揉压，再揉搓成长条，一条最普通的脚板年糕就成形了。——《舌尖上的中国》

请模仿上面的解说模式，尝试向同学们介绍一种家乡的美食及其做法。

_____

_____

二、解说的分类

1. 概括性解说

概括性解说是指用简约的语言说明事物的本质特征，并说清它与同属性事物的区别性特征。概括性解说主要用于解释概念的内涵，揭示事物的某些特点，常用下定义的方法和作判断的句式表达。如：

雾霾，是雾和霾的统称。雾和霾的区别十分大。霾的意思是灰霾（烟霞），空气中的灰尘、硫酸、硝酸等非水粒子组成的气溶胶系统造成视觉障碍的叫霾。当水汽凝结加剧、空气湿度增大时，霾就会转化为雾。霾与雾的区别在于发生霾时相对湿度不大，而雾中的相对湿度是饱和的（如有大量凝结核存在时，相对湿度不一定达到100%就可能出现饱和）。

演练

对"馒头"和"花卷"进行概括性解说。

_____

_____

2. 诠释性解说

诠释性解说是指在准确理解的基础上，把事物的要点或特点归纳在一起，用简明的语言加以转述。可以让人在短时间内了解事物的主要内容。如：

"哑铃肩上推举"：保持坐姿或立姿，两腿分开，踏于地面，躯干保持挺直。两手各握一哑铃，掌心向前，肘部弯曲成90°。发力将哑铃举至头顶。控制哑铃慢慢还原至初始位置。

演练

对"俯卧撑"进行诠释性解说。

_____

_____

3. 纲目性解说

纲目性解说是分类别、分步骤地说明事物、事理的方法。要先对解说内容进行分析、筛选，分解成纲目，再分别以简明的语言表达。如：

如何正确使用一片式面膜呢？洁面后，取出面膜并展开。然后将整个面膜覆盖在脸上，将面膜抚平，使其完全贴服于脸部。放松精神，静候 15~20 分钟，让肌肤充分吸收面膜中的营养成分。最后取下面膜，轻轻按摩面部，令精华完全被吸收即可。

演练

对一种家用电器的使用方法进行纲目性解说。

---

4. 形象性解说

形象性解说是指对人们不熟悉的事物或抽象的道理，运用描述的方法，以具体、生动的语言，打比方等说明方法，比喻、比拟等修辞手法，借助形象进行解说。运用形象性解说可使解说更具体、生动、感人。如：

地球内部的构造很像我们平时吃的鸡蛋，它是由三部分组成的，表面是地壳，相当于鸡蛋壳；中间是地幔，相当于鸡蛋清；最里面是地核，相当于鸡蛋黄。

演练

用形象性解说讲一讲熨斗。

任务实施

解说的要求

一、简明扼要，条理清晰

从心理学上来说，听者一般是不愿意听讲解者喋喋不休的，因此讲解必须做到内容清晰、重点突出，事物的背景、价值、成因及特征必须交代清楚。这要求讲解人员要通过与听众的互动，了解听众的目的并满足他们的需要，有重点地讲解。不了解听众的需求，就好像在黑暗中走路，白费力气又看不到结果。

演练

请向同学解说一本你喜欢的书。

二、准确把握事物特征

解说不能繁冗复杂，面面俱到，要突出事物的主要特征或者事理的关键，将重要的一个点讲透，给听众留下深刻的印象。抓住事物的主要特征，即一事物区别于其他事物最主要的特点。

三、语言表达生动形象

解说语言具有口语化的特点，听众大多是非专业人士，因此语言表达不仅要准确，还要生动、形象。具体要求如下：

一是在词汇选用上，应尽量使用大众化词语，包括浅显易懂的常用基本口语词汇，以及人们喜闻乐见的成语、歇后语、谚语、典故等。忌用有歧义和生僻的词汇。

二是在修辞手法上，可运用比喻、引用等修辞，使讲解更加生动形象，给听众美的享受。做到措辞恰当，激发情趣。

此外，要使用标准的普通话，做到语音规范，吐字清晰，声音洪亮。其次，保持和缓适当的语速，要把握好表达的节奏。在说到数字、地名、专业用语以及关键性的、难以理解的地方，要说得慢一些，有时甚至要一字一顿地说，或作必要的重复。再者，要注意用重音、顿连等表示强调、区分、提示，以增强表达效果。

任务三
解说专项能力训练

案例导入

一位导游在对南京明孝陵的解说中说道："在洪武十四年（1381年），朱元璋就开始营造自己的陵墓，第二年葬入马氏皇后。1398年朱元璋病死，入葬于此。为什么称作孝陵呢？一说因为马皇后死后封谥号为'孝慈'，又说朱元璋主张以孝治天下，因此明代称为孝陵。自清代起，开始称为'明孝陵'，一直沿用至今。说起马皇后，还有一段趣话。马氏原为郭子兴养女，后来朱元璋受到郭子兴信任，遂将马氏嫁给了他。马氏自小在军营中长大，据说手脚长得特别粗大。古代妇女着裙，风过裙起，露出了马皇后的一双大脚。我们常说的'露马脚'，传说就是由此而来的。"

任务描述

这位导游的这部分解说，明显有"虚"、"实"之分，那么，环境解说的具体要求是什么？

相关知识

产品解说

产品解说可以看作是销售过程中的一个重要阶段，解说的好坏会直接关系到销售的成功与否。一位营销总监说："产品不只是产品，它可以说话，可以表现出生命力，但是它没有嘴巴，因此必须要通过销售人员的解说和传递才能将产品的表达发挥得淋漓尽致。"以下介绍几种产品解说的主要技巧和方法。

1. 产品解说的技巧

熟练运用产品解说技巧能使产品解说效果事半功倍。

（1）准备充分，熟悉产品。

对与公司产品有关的资料、说明书、广告等，必须努力研讨、熟记，在充分了解产品的基础上，才能做到解说时有所侧重，避免千篇一律、照本宣科，也才能充分应对客户的种种疑问。

产品解说的对象包罗万象，如：家用电器、日用生活品、食品药物等，那么解说员需要了解产品的哪些方面呢？

①产品概况，包括产品的名称、品牌、规格型号、使用对象等。

②产品本身的材质、性能和特点，如：结构特征、技术特性、安装方法、使用方法、功能作用、维修保养，采用了什么样的科学技术，产品的一些行业参数，相比较竞争对手有什么优势等。

③产品的运输、储存、保养与维修，售后服务范围及方式、注意事项等。

（2）善用对比，突出产品。

在熟悉自身产品的同时，也要收集竞争对手的广告、宣传资料、说明书等，加以研究、分析，做到知己知彼，在对比中了解自身产品的优劣。

演练

以下是小米红米手机和华为荣耀 3C 两款手机的主要参数对比：

	小米红米手机	华为荣耀 3C
价格	699	798
主屏尺寸	4.7 英寸	5 英寸
主屏分辨率	1280×720 像素	1280×720 像素
网络类型	双卡双模	双卡双模
核心数	四核	四核
ROM 容量	4GB	4GB
扩展容量	32GB	32GB
电池容量	2000 mAh	2300 mAh
摄像头类型	双摄像头（前后）	双摄像头（前后）
后置摄像头像素	800 万像素	800 万像素
前置摄像头像素	130 万像素	500 万像素

续表

	小米红米手机	华为荣耀 3C
传感器类型	CMOS 背照式	BSICMOS（二代）
光圈	f/2.2	f/2.0
拍照功能	连拍，场景模式，自动对焦	曝光补偿，感光度（ISO3200），白平衡，HDR，全景模式，数码变焦，自动对焦
机身颜色	象牙白色，金属灰色，中国红色	白色，灰色
机身特点		镁铝合金材料机身
手机尺寸	137×69×9.9mm	139.5×71.4×9.2mm
手机重量	158g	140g

顾客在两款手机的选择时举棋不定，假设你是其中一款手机的销售员，请尝试向顾客解说你负责的产品。

_____

_____

（3）多角度观察、了解客户需求，做有针对性的产品解说。

了解客户需求的途径一般有：直接询问；倾听客户的谈话；观察客户的非语言行为，如：年龄、服饰、身体语言、行为、态度等。

案例

上海长安楼饺子馆"导食先生"小叶在向顾客介绍各种饺子时，先观察来客年龄和宴请原委，然后帮助客人点饺子并作介绍。一次，他接待台湾来大陆探亲的客人，送上的第一道饺子他选择了"宝钏蒸饺"。他先介绍饺子的馅，接着讲了一个有趣的故事：相传唐丞相之女王宝钏爱上了贫民薛平贵，不顾家庭反对，逃婚长安南郊五典坡寒窑内，一住就是十八载。十八年来，她常以荠菜充饥，直到薛平贵回来团聚。做宝钏蒸饺就是为了纪念这位古人。紧接着满怀深情地说："_____"这句话是他有针对性添加的。来客中一位年过花甲的老人立即举杯敬小叶一杯酒，说："谢谢您的助兴，您讲得真妙！今天正是为哥嫂离别 40 多年重新团聚来吃饺子。您的故事说得贴切、亲切，我们全家人吃得好开心！"这一餐，客人吃了十多个品种的饺子，自始至终兴致勃勃，后来还多次上了"长安楼"。

小叶为什么为客户点"宝钏蒸饺"并介绍它的典故？在文中划横线处他可能会说什么？

_____

_____

2. 产品解说的方法

（1）直接讲解法。

了解客户需求，向客户有重点地介绍产品，会让客户觉得解说员的工作很有效率，还懂得替客户着想，节省客户的时间和精力，于是很容易被接受。这种方法节省时间，很符合现代人的生活节奏。

演练

一位顾客走进了苹果体验店，在新上市的 iPad 面前停住了脚步。一位销售员马上上前介绍："先生，这是我们上周才上市的新款 iPad，请问您想了解一下吗？"客户点了点头。这位销售员并没有马上开始介绍产品，而是继续问："您之前了解或者使用过 iPad 吗？"客户回答："我对旧款 iPad 了解一些，但不知新款有什么不同？"销售员拿起新款 iPad，一边操作一边解说："新款 iPad 的显示屏采用了新技术，这种显示屏比目前市场上的任何高清电视机的分辨率都要高。它的摄像头性能也有明显改善。同时采用了更好的 iOS 5.1 操作系统。"顾客满意地点了点头。

请仿照案例，向客户有重点地介绍一款学习用品。

（2）举例说明法。

举例说明，可以使客户感到轻松和容易接受。可以举些产品使用的实例，说明它所体现的效用、优点及特点。

也可以利用"光环效应"，用一些有名望的人的话来说明产品。如：餐饮店向顾客推荐产品时可以提到"××最爱吃这道菜了"；许多淘宝店的商品介绍中也经常有"××（明星）同款"的关键词。

还可以借用数据、认证资料辅助，证明材料是产品最具说服力的优势。如："百年老字号""中国驰名商标"等。美的空调在说明其"新节能"系列空调具备的超级节能效果时，就用了"一晚一度电"的明确数据来增强说服力。

（3）展示示范法。

俗话说"百闻不如一见"，在解说产品的过程中，可以将产品展示在客户面前，边展示边解说，必要时还可以进行操作示范。生动的描述与说明加上产品本身的魅力，更容易使客户产生购买欲望。运用这个方法等于直接向客户介绍了产品的效用、优点及特性。有时还可以请顾客参与进来，亲自使用产品，更能增加产品的说服力。展示产品时要特别注意将产品以合适的角度展示给客户，对于展示的步骤要思路清晰，展示的气氛、艺术效果以让客户感到自然舒适为宜。

如果是一些大型商品（汽车、房地产等）或抽象的商品（保险、证券等），在不便于当面展示给顾客时，可以使用图文展示法。解说员可以将产品的优势具体化、形象化（以照片、画图、制表等方式），以便形象直观地说明产品。解说员通过图文并茂的方法讲解，不但使客户更容易接受，而且可以让讲解更加生动、形象，给人以真实感。

演练

灵活运用上述产品解说的方法，对你身边的一件物品进行解说，向同学模拟销售该物品。

3. 产品解说的注意事项

（1）在见到客户之前就要树立积极乐观的态度，把与客户的沟通当成一次愉快的活动。在约见客户时，做好从态度、知识到言行举止全方位的准备，譬如在开口之前先组织好语言，设计一个吸引人的开场白。一定不要忽视第一印象对于今后与客户沟通的重要性。不论是对自己的介绍还是对产品的说明，都必须清晰、客观，而且还要时刻保持自信。对于客户所提的问题没把握回答的，要诚恳说明，不要含糊带过。

（2）相信并欣赏自己解说的产品，是解说成功的必要条件。你对产品的信心会传递给你的客户，如果你对自己的商品没有信心，解说时底气不足，客户也能感受得到。面对客户提出的种种质疑，销售员要表现得信心十足，要端正态度，向对方传递出良好的信誉信息，拿出可以证明产品各种优势的真凭实据，然后在这一基础上根据客户提出的不同意见解答质疑。

（3）重视肢体语言的作用。不要东张西望，也不要做小动作，要保持体态的端正，并且平和地直视对方。一个微笑、一个手势、一次点头……都是一名解说员必须具备的肢体语言能力。

（4）不要贬低竞争者的产品，这可以反映出解说员的自身素质，也不要因此引起客户的反感。

（5）尊重客户感受。多使用"它对您的好处是……""当您使用它的时候……""我理解您的顾虑……"等换位思考、让客户听起来亲切的语句。

（6）不批评他人的看法和经验，更不可与客户争辩。回应客户的质疑必须遵循三大原则：一是不要伤害客户的情感，把情放在首位，之后才是理；二是准备好有说服力的答案；三是开发一些回应质疑的技巧。

（7）不要打探客户的隐私，谈论政治、宗教等可能引起客户不快的话题。争取在最短时间内打动客户，不要谈一些无聊的话题以免引起客户的厌烦。

演练

在一次展销会上，一位打算买冰箱的顾客指着不远处的另一个展台，对销售人员说："那边 ×× 牌的冰箱和你们的这种冰箱是同一类型、同一规格的，但它的制冷速度比你们的快，噪声也比你们的小，看来你们的冰箱不如 ×× 牌的啊。"

如果你是销售人员，你会怎样对顾客解说?

___

二、环境解说

1. 环境解说的作用

在陪同来宾、游客参观城市、小区、商场、展览馆，以及名胜古迹、风光景点时，少不了要对旅游景点、市政环境、文化设施、居住环境等进行环境解说。环境解说包括自然环境和人文环境的解说。

环境解说一是能发挥对视觉的补充作用，让观众在观看实物和景象的同时，从听觉上得到形象的描述和解释，从而受到感染和教育；二是能发挥对听觉的补充作用，即通过形象化的描述，使听众感知故事里的环境，犹如身临其境，从而达到情感上的共鸣。

环境解说不等于背稿，具有灵活性的特点，因此没有用心和用脑的解说，是不能感染听众，引起听众情感上的共鸣的。要做好环境解说，可以运用"六觉"观察法，即视觉观察法、听觉观察法、嗅觉观察法、味觉观察法、触觉观察法和"心觉"观察法。"心觉"观察法即用心观察法或用脑观察法，它要求观察者尽全力去挖掘事物的知、情、理、趣。

2. 环境解说的方法

（1）"虚实结合"讲解法。

"实"指的是景观的实体、实物、史实和艺术价值。"虚"指的是与景观相关的典故、传说故事。虚实结合法就是在讲解中将典故、传说与被介绍的景观有机结合，即编织故事情节的解说手法。虚实结合可以增添游兴，努力避免平淡无趣、枯燥乏味、就事论事的讲解方法。

（2）"突出重点"讲解法。

所谓"突出重点法"，就是在讲解时避免面面俱到，而是突出某一方面的讲解方法。突出重点讲解，在游览结束后，才能给听众留下深刻的印象。

①突出最能代表被介绍事物的重点部分。如：在游览解说秦俑馆时，突出对最能代表秦俑特点的一号坑和二号坑的讲解。

②突出被介绍事物最与众不同的地方。

③突出听众感兴趣的内容。如：导游讲解时，应重点讲解景区的自然景观、历史知识、文化内涵和传说故事。

④突出"之最"。面对某一景观，解说员可根据实际情况，介绍这是世界（中国、某省、某市、某地）最大（最长、最古老、最高、最小）的×××，"之最"的景观特征，能够引起听众较大的兴趣。

案例

一位导游这么讲解天津的石家大院："石家大院有三绝——牌坊，戏楼，文昌阁。现在我们看到的就是三绝之一的戏楼。戏楼顶子外面是一层铁皮，上面有铜铆钉铆成的一个大'寿'字。著名的京剧表演艺术家余舒岩、孙菊仙、龚云甫都在此唱过堂会。整个戏楼的特点是冬暖夏凉，音质好。戏楼的墙壁是磨砖对缝建成，严密无缝隙，设有穿墙烟道，由花厅外地炉口入炭200斤即可燃烧一昼夜，即使冬日寒风凛冽，楼内也温暖如春。到了夏天，戏楼内地炉空气流通，方砖青石坚硬清凉，东西两侧开有侧门使空气形成对流，空间又高，窗户设计使阳光不直射却分外透亮，让人感到十分凉爽。戏楼建筑用砖均是三座马蹄窑指定专人特别烧制。经专用工具打磨以后摆放叠砌，用元宵面打了糨糊白灰膏黏合，墙成一体，加上北高南低回声不撞，北面隔扇门能放音，拢音效果极佳，偌大的戏楼不用扩音器，不仅在角落听得清楚，即使在院内也听得明白无误。因此，石府戏楼堪称'民间一绝'。"

说说这位导游解说石家大院时是如何运用"突出重点"讲解法的。

_____

_____

（3）"触景生情"讲解法。

"触景生情法"就是由景物引出话题，借题发挥的讲解方法。触景生情贵在发挥，要自然、正确、切题地发挥。

演练

导游李艳带着一个日本旅游团去登八达岭长城。刚到长城脚下，天空飘起了雨，本来游兴高涨的游客顿时情绪低落。

面对这样的情景，如果你是李艳，你会怎样给客人进行讲解？

_____

_____

（4）问答法。

问答法是讲解时解说员向听众提问题或启发他们提问题的解说方法。问答法有多种形式，主要有自问自答法（为了吸引听众的注意力）、我问客答法（诱导听众回答）、客问我答法（满足听众的好奇心）三种。

演练

在中国的园林旅游景点中，我们时常会看见各种砖雕、木雕以及各种花纹图案，如：蝙蝠代表福，桃代表寿，灵芝代表如意，三者合而为一，还有福寿如意、称心如意的含义。

假设你是园林解说员，请模拟用问答法向听众解说蝙蝠、桃和灵芝图案的含义。

_____

_____

（5）类比法。

所谓"类比法"，就是以熟喻生，达到触类旁通效果的讲解法。

①同类相似类比：将相似的两物进行比较，便于听众理解并使其产生亲切感。

②同类相异类比：将两种同类的景观比较规模、质量、风格、水平、价值等方面的不同。

任务实施

环境解说的要求

（1）不但要抓住景观的特征，而且要突出讲述它的文化价值和历史价值。

（2）采用一定的解说顺序，从不同角度多侧面解说不同方位景物。具体来说分为横向介绍（以空间为序，按方位、内外、主次作介绍）和纵向介绍（以时间为序，介绍环境的历史沿革和今昔变迁）。

（3）注重鉴赏性和趣味性，结合景物、环境的介绍，饶有情趣地讲解有关的人文典故、轶事传说、诗文辞赋等。

（4）不说低俗的话语，不失时机地插入风趣的言词、高雅的调侃，有叙述，有说明，有虚拟，有实描。叙述用短句，选词应通俗化。做到知、情、理、趣的统一。

思考练习题

1. 某外国公司总经理史密斯先生在得知与新星贸易公司的合作很顺利时，便决定携夫人及工作人员一行一同前来中方公司作进一步考察并观光。小李陪同新星贸易公司的张总理前来迎接，在机场出口见面时，经介绍后张经理热情地与外方公司经理及夫人握手问好。如果你是小李，你会如何做自我介绍？你又如何为他人做介绍的次序？你该如何向张经理介绍史密斯夫妇呢？

2. 一位导游向来自北京的游客介绍："四方街是丽江古城最中央的一个大约500平方米的小广场，如果把丽江比作北京的话，那么这里就是它的天安门广场。"他的介绍赢来了北京游客的好感，游客一下就明白四方街在丽江古城的地理位置和重要性了。

假设你是导游，用类比法向某地游客介绍当地的一处景观。

除上述常见的五种讲解方法外，解说环境的方法还有很多。然而，在具体工作中，各种解说方法和技巧不是孤立的，而是相互渗透、相互依存、互相联系的。在学习这些解说方法时，还要根据自身的个性特点融会贯通，在实践中形成自己的解说风格和解说方法，并视具体的时空条件和对象，灵活、熟练地运用，这样，才能获得不同凡响的解说效果。正如巴金所说，最高的技巧就是没有技巧。

项目七　推销与洽谈

任务一
推销

案例导入

乔·库尔曼幼年丧父，18岁那年，他成为一名职业球手，后来手臂受伤，只得回到家中做了一名寿险推销员。29岁那年，他成为美国薪水最高的推销员之一。在25年的推销生涯中，他销售了40 000份寿险，平均每日5份，这使他成为美国金牌推销员。

作为一名成功的推销员，既要吃苦耐劳，也要能说会道，库尔曼可谓两者兼备。凭借自己的勤勉和出众的口才，库尔曼把寿险推销给了一个又一个客户，与此同时，他也把成功"推销"给了自己。

一般而言，人们对陌生的推销员总是心存戒备，往往以没有时间为由将其打发走。遇到这样的情况，库尔曼总是用一句具有魔力的话来改变局面。这句有魔力的话是："您是怎么开始您的事业的？"库尔曼告诉我们："这句话似乎有很大的魔力，看看那些忙得不可开交的人吧，只要你提出那个问题，他们总是能挤出时间来跟你聊。"

罗斯是一家工厂的老板，工作繁忙，很多推销员都在他面前无功而返，而库尔曼却成功地让这个大忙人接受了自己的推销。下面是两人的对话记录。

库尔曼："您好。我叫乔·库尔曼，保险公司的推销员。"

罗斯："又是一个推销员。你是今天第十个推销员，我有很多事要做，没时间听你说。别烦我了，我没时间。"

库尔曼："请允许我做一个自我介绍，10分钟就够了。"

罗斯："我根本没有时间。"

库尔曼低下头用了整整一分钟时间去看放在地板上的产品，然后，他问罗斯："您生产这些产品？"在得到肯定回答后，库尔曼又问："您做这一行多长时间了？"罗斯答，"哦，22年了"。库尔曼问："您是怎么开始干这一行的？"这句有魔力的话在罗斯身上发挥了效用。他开始滔滔不绝地谈起来，从自己的早年不幸谈到自己的创业经历，一口气谈了一个多小时。最后，罗斯热情邀请库尔曼参观自己的工厂。那一次见面，库尔曼没有卖出保险，但却和罗斯成了朋友。接下来的三年里，罗斯从库尔曼那里买走了4份保险。

俗话说，君子不开口，神仙也难下手，作为推销员，最怕对方三缄其口。如果遇到这种情况，你可以像库尔曼那样，说出那句有魔力的话。

推销的秘诀还在于找到人们心底最强烈的需要。那么，怎样才能找到客户内心这种往往深藏不露的强烈需要呢？有一个办法就是不断提问，你问得越多，客户答得越多；答得越多，暴露的情况就越多。这样，你就一步一步化被动为主动，成功地发现对方的需要，并满足它。

库尔曼有位朋友是费城一家再生物资公司的老板，他是从库尔曼手中买下今生第一份人寿保险的。一次，他对库尔曼说："我突然想起来，我是怎么从你那里买下今生第一份人寿保险的。你对我说的那些话，别的推销员都说过。你的高明之处在于，你不跟我争辩，只是一个劲地问我'为什么'。你不停地问，我就不停地解释，结果把自己给卖了。我解释越多，就越意识到我的不利，防线最终被你的提问冲垮。不是你在向我卖保险，而是我自己'主动'在买。"朋友这番话提醒了库尔曼，原来，不断提问会如此重要；原来，一句"为什么"竟像一架探测仪，让你在一番寻寻觅觅之后，终于发现客户内心的需要。

有时候，即便客户自己也不一定了解他内心的需要，那么，作为推销员，有必要通过不断提问来帮助对方发现这种需要。如果你能帮助对方发现自己内心的需要，那么，你的推销就变得易如反掌。斯科特先生是一家食品店的老板，库尔曼通过一番提问，向他推销了自己所在保险公司有史以来最大的一笔寿险：6672美元。下面是两人的对话记录。

库尔曼："斯科特先生，您是否可以给我一点时间，为您讲一讲人寿保险？"斯科特："我很忙，跟我谈寿险是浪费时间。你看，我已经63岁，早几年我就不再买保险了。儿女已经成人，能够好好照顾自己，只有妻子和一个女儿和我一起住，即便我有什么不测。她们也有钱过舒适的生活。"

换了别人，斯科特这番合情合理的话，足以让他心灰意冷，但库尔曼不死心，仍然向他发问："斯科特先生，像您这样成功的人，在事业或家庭之外，肯定还有些别的兴趣，比如对医院、宗教、慈善事业的资助。您是否想过，您百年之后，它们就可能无法正常运转？"

见斯科特没说话，库尔曼意识到自己的提问问到了点子上，于是趁热打铁地说下去："斯科特先生，购买我们的寿险，不论你是否健在，您资助的事业都会维持下去。7年之后，您应该还在世，您每月将收到5000美元的支票，直到您去世。如果您用不着，您可以用来完成您的慈善事业。"

听了这番话，斯科特的眼睛变得炯炯有神，他说："不错，我资助了3名尼加拉瓜的传教士，这件事对我很重要。你刚才说如果我买了保险，那3名传教士在我死后仍能得到资助，那么，我总共要花多少钱？"库尔曼答："6672美元。"最终，斯科特先生购买了这份寿险。

一般而言，人们买保险是为了让自己和家人的生活有保障，而库尔曼通过不断追问，终于发现了连斯科特自己也没意识到的另一种强烈需要——慈善事业。当库尔曼帮助斯科特找到了这一深藏未露的需要之后，购买寿险来满足这一需要，对斯科特而言就成了主动而非被动的事。

还有一次，库尔曼向一家地毯厂的老板推销寿险。老板态度坚决地对他说："无论如何我们都不会买。"库尔曼问："能告诉我原因吗？"老板说："我们赔钱了，资金短缺，财政赤字。而你的保险每年至少花我们 8000 到 10000 美元，所以，除非我们财政好转，我们绝不多花一分钱。"在谈话陷入山穷水尽之际，库尔曼追问："除此之外，还有别的什么原因吗？换句话说，到底是什么原因使你这么坚决？"老板笑了，他承认道："确实有点别的原因。是这样的。我的两个儿子都大学毕业了，他们都在这个厂工作。我不能把所有的利润都给了保险公司，我得为他俩着想。对吧？"当真正的原因浮出水面，问题将迎刃而解。库尔曼为他设计了方案，向他保证财产不会流失，当然，这个方案也使老板的两个儿子有了保障。既然儿子有了保障（老板最关心的），老板没有理由不购买库尔曼向他推销的寿险。

如果你能分清什么是表层原因，什么是深层原因，那当然好；如果你无法辨别，那么，你就像库尔曼那样问一句"除此之外，还有什么原因？"相信你不会空手而归。

任务描述

库尔曼的成功告诉我们，在推销过程中语言技巧是何等重要。那么推销都有哪些语言技巧呢？

相关知识

一、推销概述

从商品经济角度看，推销是指商品交换范畴的推销，即商品推销。它是指推销人员运用一定的方法和技巧，帮助顾客购买某种商品和劳务，以使双方的需要得到满足的行为过程。推销作为一种社会经济活动，是伴随着商品经济一起产生和发展的，是商品经济活动中一个必不可少的组成部分，对推动商品经济的发展起着积极的作用。推销是现代企业经营活动中的一个重要环节，推销作为一种企业行为，更是决定着企业的生死存亡。当今社会充满竞争，企业要生存，要在强手如林的竞争者中脱颖而出，离不开成功的推销。在商品经济发达的国家，推销被认为是经营的命脉。

任何形式的推销都少不了推销员（推销主体）、推销品（推销对象）和推销客体（顾客）。推销的核心是说服，推销员的主要工作就是说服顾客接受自己推销的产品或服务，没有一定的表达能力和说服技巧是很难奏效的；整个推销活动，从接近顾客到解除疑虑，直到最后成交，都离不开推销口才。口才是推销成功的关键所在，是推销员创造销售业绩的有力武器。

二、推销口才的原则和策略

（一）推销口才的原则

1. 目的是关键，口才是手段

手段是为目的、结果服务的，推销员的口才是为推销目的服务的手段。中国古代有

"一言可以兴邦，一言也可以误国"之说，道出了说话举足轻重的作用。口才是人类生活中最难能可贵的艺术或手段，没有口才的人，犹如发不出声音的留声机。

推销员遇到的顾客各不相同，在谈话过程中，从顾客的谈话中了解对方是说话取胜的关键。谈话如同上阵打仗，只有知己知彼，才能百战不殆。只有侦察了解顾客，考虑他们的性格、经历、背景、知识层次，等等，根据对方不同的特点"对症下药"，才能达到自己推销的目的。例如，对于性格沉稳的人，要用道理说服他；而对于好冲动的人，激将法会很起作用。

2. 有理、有据、有节

口才是手段，但不能为了获得好口才的称赞，或为了营造融洽的谈话气氛，而一味地让步。无原则地让步，如牺牲自己利益，丧失自己的尊严，不坚持自己的立场，等等，都是不正确的。说话也要讲究有理、有据、有节。

有理，指的是要讲真话。在推销时，与顾客有时在认识上、感情上会产生不一致；有时对顾客说的话、提出的问题是自己所不能接受的，这时要敢于表达自己的真实立场、观点或想法。在任何时候，都应得体地表达自己的真实想法，站在"理"字一边儿。

有据，指的是要说实话，反映真实情况，而不是歪曲事实，顺风说好话。真诚，就是真实诚恳，不论对推销员还是顾客来说，这都非常重要。与人相处，追求成功的目标和准则应该是自己、他人和社会三者都是获益者，交际的实质是给予和索取。如果精神上的给予没有真诚，顾客就不可能得到；如果是物质上的给予缺乏诚意，对方只能视其为恩赐，即使出于无奈，不得不接受，内心也会有怨恨。

推销员在与顾客谈话时，要有自我控制能力，即"有节"。每个人都有自己的利益、立场、观点和看法，也许顾客的讲解、主张与自己不同，这时一定要保持冷静，寻求沟通，以达到互相理解。当然，也有顾客故意贬低或挑衅，这时更要保持冷静，思考反击之策。一定要控制自己的情绪和语言，否则很容易在"心不平、气不和"的情况下，口不择言。推销中，要控制自己不必因顾客的一句话或某种态度而怒，要镇静地、理智地思考对策，通过温和得体的态度表达自己的观点。说话要有节制，还要知道什么时候说，什么时候保持沉默。与顾客谈话时，不要只自己说，还要学会听，学会观察。顾客话只说了一半儿就抢话，这样会造成没了解清楚对方的意思，自己要说的话也没有经过深思熟虑，如此，就很容易表达失误；而且，抢话还是不礼貌、没有信心的表现。会说话的推销员和不会说话的推销员有一点最大的不同：那就是会说话的推销员能控制自我，掌握说话的主动权。

3. 说赢顾客不等于你有好口才

推销的最终目的在于成交，不在说赢顾客。不要对顾客提出的任何问题、想法，都抱着要说赢顾客，才能说服顾客的心理。有经验的推销员都懂得要赢得胜利，不妨忍让小处。小的地方应该顺着顾客，略做让步，不要对顾客提出的任何问题、想法，都咄咄逼人、尖锐地反驳回去，不要以为说赢顾客，顾客就会购买。须知抵抗越大，反弹就越强。顾客购买东西，并不一定非要所有的条件都完备才购买，往往只要是最重要的几项需求能被满足就会决定购买，因此没有必要对顾客提出的任何异义都想说赢他，在小处无论有无道理都可以考虑顺从客户。

每个人都有自己的想法与立场，在推销说服的过程中，若想要顾客放弃所有的想法与立场，完全接受你的意见，会使对方觉得很没面子，特别是一些关系到个人主观喜好的问题，例如颜色、外观、样式，千万不能将自己的意志强加到别人身上。没有经验的推销员，对顾客提出的异议都千方百计地想要证明自己是对的，往往让顾客在被推销的过程中经历一段不愉快的处境。而成为真正推销专家的人从不会想到说赢顾客，他们只会建议顾客，他们都会在顾客感受尊重的情况下进行推销的工作。

4. 说话要条理清楚

条理清楚指的是说话时要注意因果关系、前后联系和善于归类。在表达不同的思想时，要注意使用过渡、转折。如果一次谈话中要表达多个观点、见解，要注意使用"另外……""还有一个问题……""更重要的是……"等句式，这样，顾客可以根据你的语言调整自己的思维，理解你所表达的要点。

关于说话要条理清楚的反例可以说比比皆是。有的人一个问题说到一半儿，开始说第二个问题，第二个问题没说完，他又回到了第一个问题，甚至还有第三个问题、第四个问题……结果哪个问题都没说清楚，顾客听得稀里糊涂，满头雾水。说话条理不清，还可能是喋喋不休、啰唆、废话连篇，只有一个问题，却翻来覆去地说，越说废话越多，越说离题越远，结果顾客不知你所言为何事。

条理清楚是说话的基本功，只有条理清楚，才能清楚地表达自己。

5. 掌握主题

推销交谈时，推销员经常会用一些信息作修饰，以突出或充实自己的语言。如果使用正确，这会使语言显得丰富，但如果使用不当，容易适得其反，令人抓不住你谈话的主题。在交谈时，传递的信息要简明准确，不要让多余的信息增加对方理解上的困难。在一些毫不相干的事情上兜圈子，会使听者迷惑不解，无法理解你要表达的意思。

（二）推销口才的策略

1. 避免命令式语句，尽量采用请求式语句

什么是命令式语句，什么是请求式呢？举个例子，搭乘公交车时，假如一个人上来后，对坐着的人说："喂！过去一点，这里我要坐！"这是命令式语气，其结果是即使坐位很宽松，对方也不见得乐意空出地方。如果换个口气说："对不起，能不能让我也挤一挤？"这是请求式语句，由于他说话客气，所以对方是乐意帮忙的。

命令式语句是说话者单方面的意见，没有征求别人意见就勉强别人去做。请求式的语句是尊重对方，以协商的态度，请别人去做。

假如，顾客问推销员，有没有他们需要的一种货，推销员答："没有了，到下个月再说。"这会令顾客不舒服而转向别的厂。但若是回答"这种货暂时已全部被订出去了，不过已经在赶货，您愿意等几天吗？"则会挽留住一个顾客。

2. 少用否定语句，多用肯定语句

对推销人员而言，讲否定语句应视为一种禁忌，要尽量避免。在很多场合下，肯定句可以代替否定句，且效果往往出人意料。

例如，顾客问："这样的衣料没有红色的吗？"推销员答："没有。"这就是否定句，顾客听后反应是既然没有就不买了。但若回答："目前只剩下黄色和蓝色的了，这两种颜色都很好看。"便成为一种肯定的回答。虽然两种回答都承认没有红色衣料，但否定似乎是拒绝，而肯定给人一种温和的感觉。

3. 要用请求式的肯定语句说出拒绝的话

例如，当顾客提出"降价"要求时，推销员说"办不到"，那么会立即挫伤顾客的心境而打消购买欲望。如果推销员对顾客的要求经过分析后，认为应该拒绝的话，可以说："对不起，我们的商品不二价，价钱都是实实在在的，绝不会多要你一元钱。"这实际上是用肯定的语句请顾客体谅。总之，如能做到拒绝顾客而不使之反感，才可称掌握了说话技巧。

4. 边说话，边注意顾客的反应

推销员切忌演说式的独白，而应边说边注意顾客的反应，提一些问题，了解顾客需求以确定自己的说话方式。英国心理学家奥格登说："说话的意义并不像字典上所查的那么固定，因为现实情况的差别，话语便会呈现不同意义。"

例如，某天张先生走出家门，抬头望了望天空，嘴里便自言自语说："天上有乌云呢！"他的意思并不单指"云"，而表示"要下雨了，出门需带伞"。此时张太太也同样望着天说："天上乌云密布了！"但这并不表示出门带伞，而是说"天要下雨了，我就不能把衣服晒到外面了"。同样的道理，推销员对不同顾客谈话，虽然语句一样，由于顾客的理解力、想象力不同就会产生不同结果，所以推销员要时常用话试探顾客的反应。推销员在同顾客谈话中不能用自己的销售方式进行推销，而是要使用顾客想购买的方式来吸引他们。

真正的推销对话，应该是相互应答的过程，自己的每一句话应当是对方上一句话的继续。对顾客的每句话作出反应，并能在自己的说话中适当引用和反复，这样，彼此间就会取得真正的沟通。

5. 用负正法讲话

什么是负正法呢？看下面两句话：

① "价格虽然高一点，但东西很牢固。"

② "东西虽然很牢固，但是价格稍微高了一点。"

这两句话除了前后颠倒外，其余都相同，但是顾客听了却有截然不同的感受，一般认为①较好，为什么？

因为二者侧重点不同，前一句把重点放在"牢固"上，顾客理解这东西是因为牢固才这么贵，于是认定其质量好，而增强购买欲。即：

①价格高一点，但东西牢固。

缺点→优点＝优点

②东西虽然很牢固，但是价格稍微高了一点。

优点→缺点＝缺点

缺点→优点的推销法，称之为负正法，是推销口才中的一种好方法，能够较好地化解顾客对商品的异议，赢得顾客的好感和信赖。

6. 加强语言细节

语言的影响力不可低估，一句话可以让对方感动、豁然开朗，也会使对方生气，推销员就是要巧妙利用语言这种不可思议的魔力达成自己的目的。

（1）含蓄幽默。在与顾客交谈过程中，可以穿插些含蓄、幽默的话，增添语言的生动性。推销员过分露骨地推销会引起顾客的反感，而公开地表露在交易中给对方"好处"，有时会适得其反。如果含蓄一点表示出来，不但体现了说话者的语言技巧，也表现了对顾客想象力和理解力的信任。此外，在推销过程中含蓄还能起到弥补误会的作用。要做到含蓄，可以利用同义词，可提示、暗示，还可以利用比喻、双关、反语、对比等多种修辞格表示。

幽默可以使推销过程中紧张的气氛变得轻松，使对立冲突变得和谐宽容，还能制造长期有利的影响。推销员应学会幽默，注意提高自己的修养素质，平时注意收集一些有趣的事件，谈话时巧用夸张、想象等多种手法把本来平淡无奇的事实发挥得妙趣横生。

（2）注意说话的停顿和重点。调查表明，谈话中的停顿、重点、语调和说话速度对于成功的推销非常重要。在说话停顿时，顾客自然会对前后谈话的内容进行回顾，当你需要强调谈话的某些重点时，停顿是非常有效的（注意，在报价时是例外）。推销员还可以使用加强语气来强调某些重点问题，这比一长串形容词的效果好。

（3）语言通俗流畅。说话不能跟文章一样可以反复斟酌，它是一说即过，故推销员的语言一定要流畅而易懂。中国地域广阔，南北语言差异很大，所以推销员讲话需要看语言环境，不能千篇一律照搬。说话要自然，可以在一定的场合，适当地穿插一些诗词、顺口溜等，会收到很好的效果。字词是思想感情传达的主角，而辅之以表情、动作、姿势等，更能体现推销语言的说服力。

（4）掌握谈话的主动权。推销过程中提问题的一方总是掌握销售对话的主动权。推销员提问是了解对方的需要、获取所需信息的手段，也是沟通双方感情的一种比较好的方法。在交谈过程中，要善于结合不同的环境、不同的交谈阶段提出不同的问题。向顾客提出的问题应简单明确，使对方一听就能明白，并便于回答。每次提出的问题不宜太多，一般只提一到两个，以免顾客记不住提问的内容或感到紧张，不知先回答那个问题好；同时提的问题太多，顾客会产生厌烦的情绪，不利于推销的进行。当顾客对某些问题故意避而不答时，推销员应采取迂回战术，耐心追问，或变换角度继续提问，直到顾客满意为止。

任务实施

推销中的语言技巧

一、诱导式语言技巧

诱导是推销过程非常重要的一种技巧。一般说来，推销员推销商品，需要在尽可能短的时间内完成。在短短几分钟里，如果你的话能留得住顾客并打动他，生意就成交了；留不住，一笔买卖就告吹了。在市场竞争中，如何突出自己的商品，把顾客吸引到自己的商品旁边，并诱发顾客的消费欲望，需要既与众不同又鲜明生动的语言，这就要求推销员的话应具有强烈的诱导性和感染性。推销中进行诱导的方式很多，最常用的有层层诱导和定向诱导两种。

1. 层层诱导

这是指推销员根据顾客的购买心理，层层引入推销导向的一种口才艺术。人们逛商店、看商品，有时往往只是兴之所至，并非一定要购买什么物品。对这类潜在的消费者，如果推销员送上一句"看看吧，买不买没关系"或"试试吧，也许穿上很好看呢"之类的话，就会吸引顾客驻足，此时应立刻将商品递过去，激发顾客的兴趣。正当顾客观看或试穿时，再不失时机地说上几句恰当的夸奖语言："您穿上这件衣服，显得真有风度。"从心理学角度看，人最喜欢受到他人的尊重与赞扬，推销过程中，适时的奉承，会使顾客感到一种满足。这时，伺机告知价格或优惠措施，激起顾客的购买欲望，最后成交时，再说上一句："先生，真有眼力，很识货啊！"顾客会很高兴地买下原本不打算买的商品。注意，层层诱导的推销语言艺术，是在不让对方感受压力的原则下，一层一层地推进，把顾客诱入推销的导向，促其完成购买行为。

2. 定向诱导

这是指推销员有目的地诱导顾客作定向回答的说话艺术。如卖煎饼的小商贩，常常有这样两种问法："要不要加鸡蛋？""请问，您是加一个鸡蛋还是加两个鸡蛋？"不同的问法，鸡蛋的销售量是不同的，第一种比第二种要少得多，第二种发问就属于定向诱导。"要不要加鸡蛋"这一问话的定向是不确定的，而"加一个还是加两个鸡蛋"问法的定向是确定的，而且巧妙地把顾客诱进了必加鸡蛋的消费导向。

二、激发式语言技巧

当客户产生购买商品的欲望，但又犹豫不决的时候，适当激发对方的好胜心理，促其迅速做出决断，这就是激发式语言技巧。激发式语言的技巧要求推销员既要有对顾客细致入微的观察能力，又要有灵活的思维能力，能迅速抓准顾客的心理变化过程，然后确定从哪里打开缺口进行"激发"。

一般地说，推销员先要问一句使顾客不会产生戒心的话，这句话看上去无关痛痒，但实则为"激发"埋下伏笔。接着将顾客的视线引向商品，促使顾客接触商品，这时就要从商品的性能出发，讲出此商品如何适应顾客的需求和爱好，顾客买了它的好处是什么，可以获得什么样的特殊意义。讲解中使两者之间的关系越直接越密切越好，直到"激发"出顾客的独特兴趣、最终被说动了心、购买了商品为止。这种攻其一点或投其所好的激发式语言技巧是很有效果的。

"激发式语言"技巧的要领，一是要掌握好"激"的火候，不可操之过急，更不可强买强卖。例如有的推销员看到顾客犹豫，就会说："是不是嫌太贵呀，那边有便宜的。"这种看似激发式的语言是"逼"着顾客承认自己没钱买，就算顾客真的想买也不买了，因为他觉得伤了自尊。二要先以询问的方式探明买方的底细，同时用弦外之音表明自己商品的优良，再启发顾客发现自己与商品之间的密切关系，然后循循善诱地感染顾客，激化顾客，做到恰到好处，否则会弄巧成拙，让顾客产生反感。

三、比较式语言技巧

俗话说："不怕不识货，就怕货比货。"推销员在推销商品的时候，常和其他同类产品进行比较，让客户在对比中发现差别，自己判明优劣，选择商品，这样会增强推销的说服力。任何一种商品都有其优点，也有其弱点，因此在采用对比手法推销自己的商品时，首先要注意以事实为依据，不能言过其实。推销中对自己商品实事求是的评价，特别是与其他商品比较后对本商品特点的强化，能使顾客看清购买后的直接利益，也可增加顾客对推销员的信任感。

其次，在和同类商品作比较时，很多推销员大肆攻击同类商品的弱点，这是非常愚蠢的行为，它会让顾客对推销员甚至所属公司的信誉产生一种不信任感。对同类商品的弱点可以采取从另一角度进行解说的办法，即不去刻意宣讲同类商品的缺陷，而是用对比的方法讲自己商品在多处有针对性地改进了这些缺陷，多讲改进的原因和改进后的效果，使顾客相信该商品的优越性而决定购买。这样既符合事实，又没有攻击同类产品的嫌疑，还达成了推销的目的。

四、问话式语言技巧

推销是推销主体与推销对象双向交流的过程。在推销过程中，我们经常发现有的顾客会不假思索地拒绝推销，因此，"推销是从拒绝开始的"这句话一点不假。遇到这种情况，推销员不应退避三舍，而应迎难而上。这其间，巧妙设问是关键，会提问才会妙答——恰到好处的提问在推销中会产生让人意想不到的作用：它可以消除双方的对立感，缓和气氛；可以摸清顾客的心理，也让顾客了解推销员的想法；可以确定推销计划；可以了解顾客的障碍所在，寻找应对措施；可以留有情面地反驳不同意见……总之，提问是推销应对口才中最有力的手段，一定要熟练掌握、运用它。

五、演示式语言技巧

有的问题如果仅凭劝说还难以让顾客明白，那就要采用实物、图片、模型等来加以说明和演示。小的商品可以随身携带，以便在顾客面前充分展示，而大的商品如房子、电器、汽车、机床等，或抽象的商品如证券、劳务、服务等，因无法随身携带，需要将其好处具体化、形象化。必要时请顾客亲临现场，将商品的功能、特点、使用方法逐一演示，并配合生动有趣的说明，充分展现商品的魅力，这比单靠言辞说明更有吸引力和说服力。例如，一位推销员走进客户的办公室，向主人打过招呼以后，指着一块沾满油污的玻璃，有礼貌地说："请允许我用带来的清洁剂擦一下。"结果，由于不用水就毫不费力地把玻璃擦得干干净净，从而引起了客户的兴趣，于是生意便很快做成了。

六、贴心式语言技巧

俗话说："一句贴心话，招来万户客。"在推销商品中，一句贴心话，会使顾客"忘记"你是推销员，而把你当作他们的知心朋友；一句贴心话，可以缩短你与顾客之间的距离。这样，既为产品打开了销路，又交了朋友，帮助了顾客，最终也帮助了自己。贴近顾客要注意以下语言表达技巧。

1. 捕捉顾客购买欲望，为顾客当好参谋

在商场内或其他交易场所，人山人海，川流不息，但看热闹的人多，购买商品的人少，这是商家共同的感受。此时此地的推销员不能等顾客上门，而应主动贴近顾客，与顾客亲切攀谈。此时不能单刀直入地询问顾客要买什么，而应先从感情上贴近顾客，与顾客亲切交谈，力求言语相通，爱好相投，使顾客对推销员产生好感，从而对产品产生兴趣。推销员这时可趁势为顾客当好参谋，绕道进入正题，使顾客高兴地接受其推销的商品。

2. 不用命令式语气，多用请求式语气

要想贴近顾客，必须用热诚去打动顾客的心，唤起顾客对你的信任和好感，让顾客感到你是在帮助他，而不是仅仅想赚他的钱。要做到这一切，应当注意语言表达技巧，多用"请您等一会儿，好吗？"的请求式语气，不说"你等一会儿"的命令式语气。

一位美国书籍推销商在推销书籍时总是向顾客提出这么三个问题："如果我送您这套十分有趣的有关效率的书，您会读一下吗？""您如果读了后非常喜欢，您会买下吗？""如果您发现对这些书不太有兴趣，您把书回寄给我，行吗？"这些语气设计亲切，措词谦恭，顾客几乎找不到说"不"的理由。在展销会上，如果顾客听了你的商品介绍以后，仍然举棋不定，沉默不语，在商品前徘徊，遇到这种情况，你应主动说一句"请您先试用一下"，这样会打破沉默气氛，使顾客产生认同感，交易也就有了成功的可能。

3. "见什么人，说什么话"

从某种意义上讲，营销活动是一种心理战，要想贴近顾客，首先要掌握顾客的心理，主动迎合顾客的心理变化，选择恰当的对话方式，也就是"见什么人，说什么话"。面对随和型顾客，要热情、有耐心，满足他们的自尊心；而对严肃型顾客，要真诚、主动、以柔克刚，设法使他们开口；面对慎重型顾客，要不厌其烦，耐心解答，不要言语唐突、刺激对方；面对情绪型顾客，要摸准其心理，通过言行取得对方信任，消除其心理压力，使他有一种安全感。总之，熟练地把握推销的口才技巧，会使推销人员在"硝烟弥漫"的商场无往不胜。

任务二
洽谈技巧

案例导入

有位汽车销售员某天遇到一位客户想买车，该车的销售价格是 42.53 万，但是客户的

心理价位是 40 万，就说想等等再买。销售员想拿下这个订单，于是就去请示老总 40 万的价格能否出售。老总说："可以啊，你去给他打电话，但是不要说 40 万价格可以成交，在此基础上加个 5000 元，或者跟客户说可以赠送一些礼品之类的话……"于是这个销售员很听话，立刻就按老总的指示在电话里全部跟客户说了，但是该客户听到自己的心理价位能够满足，又改话了："哦，这个价格可以降啊！我就说嘛！这样吧，如果能降到 38 万再给我打电话。"销售员听到后火冒三丈，来了一句："你买得起车吗？"然后挂断了电话。

任务描述

这个销售员由于没有销售技巧，所以没有拿下这个订单。那么，对于顾客的异议有什么具体方法吗？

相关知识

洽谈即谈判。洽谈是社会生活中经常发生的事情，每个人几乎都能在某一特定条件下成为一个洽谈者：与小商贩讨价还价，购买他的农产品；与单位的领导讨论个人的工作调动；也可能作为企业代表与其他洽谈者磋商某一交易合同；甚至作为外交人员与其他国家的官员商讨国家间的事情，这些都是洽谈。它是我们生活中不可缺少的一部分，在营销活动中，洽谈更是至关重要的一个环节。以下我们主要围绕营销洽谈进行介绍。

洽谈前必须制订促销计划，它是洽谈准备工作的一个重要部分，尤其是对要求上门服务的客户。洽谈计划准备得越详细越有针对性，成功率就越高。但是，要促成顾客的购买行为还须运用一定的语言技巧。

一、讨价还价的技巧

顾客在做出购买行为前，通常会就价格问题提出异议，进行讨价还价。尽管价格并不是洽谈的最主要内容，但是讨价还价的过程却可能直接影响乃至决定交易的成败，所以，推销员必须掌握一些讨价还价的策略和语言技巧方能尽快促成交易的达成。

1. 用较小单位报价

这里的"较小单位"是指将报价的基本单位缩小，以隐藏价格的"昂贵"，使顾客产生"所费不多"的错觉。

经验表明，以一件产品的单价报价，比以一打产品的价格报价更能促成交易。比如，芫荽一斤 6 元，若报价是芫荽一两 6 毛，顾客听起来就觉得便宜。

2. 证明价格合理

无论出于什么原因，顾客多多少少都会对价格产生异议，大都认为产品价格比他想象的要高。这时，推销员必须证明产品的定价是合理的。

证明的办法就是突出介绍产品在设计、质量、功能等方面的优点。推销员应用说服技巧，透彻地分析、讲解产品的各种优点，指明顾客购买产品后的利益所得将远远大于支付货款的代价。

3. 适当让步

在讨价还价过程中，买卖双方都是要作出一定让步的。尤其是作为推销员，但如何给出让步也会关系到整个洽谈的成败。

就常理而言，虽然每一个人都愿意在讨价还价中得到好处，但并非每个人都是贪得无厌的，多数人是只要得到一点点好处，就会感到满足。因此，推销员在洽谈中要在小事上做出十分慷慨的样子，使顾客感到已得到对方的优惠或让步。

4. 尾数报价

推销员报价时，保留价格尾数，采用零头标价，如报价为 9.98 元，而不是 10 元，使价格留在较低一级的档次。这样，一方面会让人觉得很便宜，另一方面又因其标价精确给人以信赖感。尾数报价可以满足顾客求实消费的心理，使之感到物美价廉。

5. 分阶段讨价还价

和顾客讨价还价要分阶段一步一步地进行，不能一下子降得太多，而且每降一次要表现出为难的样子，使顾客觉得还价来之不易，甚至就是物超所值。

6. 比较法

为了消除价格障碍，推销员在洽谈中还可以采用比较法。做法是拿所推销的商品与另外一种商品相比，以说明价格的合理性。在运用这种方法时，如果能找到一个很好的角度来引导顾客，效果会非常好，譬如把商品的价格与日常支付的费用进行比较，或是对比所推销的商品此前此后的价格。

二、促成顾客的购买行为的技巧

（一）及时捕捉顾客的购买信号

1. 语言信号

①顾客把话题集中在某一产品上。

②顾客多次反复询问同一种产品。

③顾客向他人征求意见或询问有无赠品。

④顾客开始讨价还价。

⑤顾客提出并开始讨论有关最快交货时间及限制条件。

⑥顾客提出关于产品的运输、保存与拆装等有关购买后的问题。

⑦顾客提出关于产品的使用与保养注意事项。

⑧用假定的口吻谈及购买等。

2. 行为信号

①顾客不断点头或突然沉默。

②顾客开始关注营销员。

③不断查看价格单。

④顾客再次回到某一产品的展示台前。

3. 表情信号

①顾客的面部表情从冷淡、怀疑、深沉变为友好、随和、亲切。

②顾客眼睛发亮。

③顾客脸部表情变得认真。

（二）促使顾客接受所推销的产品

抓住顾客的购买信号，及时积极地"推"顾客一把，加快促使顾客作出购买决定。促使顾客接受产品的方法有以下几种。

1. 帮助顾客寻找购买的理由

给顾客一个合理的借口，一个购买的理由。只有理由合理，顾客才会有购买行为。

2. 诱导促使法

为了引起客户的兴趣，刺激其购买欲望，洽谈者巧妙地把客户的需求和欲望与产品紧密地结合起来，诱导客户明确自己对产品的需求，最终说服其购买的一种方法。

①层层诱导：洽谈者在与顾客的接触中，热情而自然地由易到难、由小到大、由浅到深步步诱导，以激发顾客强烈的购买欲望。作为服装导购员，一般都会这样说"看看吧，买不买没关系"。"试试吧，也许穿上很好看呢。""这衣服太合身了，您穿着更年轻了"！

②定向诱导：就是让客户在两者之间或给定的范围内做出选择。比如，"你喜欢 A 还是 B"？"你要这一件还是那一件还是……"这一种假定的前提是顾客喜欢或已经有了初步的购买意愿，只不过是如何选择的问题；忌问对方需不需要、买不买等，这样你只会得到两个答案——要或不要。所以使用这一方法必须是建立在对顾客一定了解的基础上。

3. 从众心理促使法

这是指洽谈者利用顾客的从众心理，营造众人争相购买的社会气氛，促成顾客迅速做出购买决定。

4. 无风险促使法

这是指洽谈者让顾客充分了解购买所推销的产品无需承担任何风险，消费者可以在十足把握的情况下再进行交易。

案例

一位老农想要为他的儿子买一匹骏马。在他居住的镇里，共有两匹马出售，从各方面来看，这两匹马没什么差别。

其中一位卖马商人的马售价为 2000 美元，想要就可以牵走。另一位卖马商人则索价 2800 美元，但是他告诉老农，在老农做决定前，老农和他的儿子可以先试骑一个月，而且他会准备这一个月所需的草料，并让他自己的驯马人每周一

次到老农家去教他儿子如何喂养及照顾。最后他说，在一个月的试骑结束时，他会到老农家将马取回，把马舍清扫干净；或是收取 750 美元，将小马留在老农家。

5. 让步促使法

让步的促使法是指通过某种优惠条件（如：价格、折扣、抽奖、赠品等）做出一定让步来促成交易。

案例

顾客说："你再优惠点我就买了。"

营销员说："本来我们此次的促销活动规定只有消费满300元才可以赠送贵宾卡，如果您现在购买，即使才200元我们也可以送您一张贵宾卡，希望您给我们多宣传，多带朋友来惠顾！"

顾客："那好吧。"

三、洽谈异议的处理技巧

洽谈受阻常常来源于顾客的异议，而且这一异议往往出现在洽谈的关键时刻，这是洽谈过程中的正常现象，是成交的前奏与信号。中国有句古话：贬货者才是真正的买主。在这一阶段中，如何有效地处理顾客的异议显得尤为重要。如果营销人员只在前面圆满地消除了顾客的异议，而在最后关头却不能说服顾客，那一切的努力都将付诸东流。

（一）顾客异议的成因

很多时候顾客的异议都源于顾客本人的偏见或习惯，也有可能没有真正认识自己的需要或者缺乏足够的购买力，或是对商品（质量、价格、品牌、包装、销售服务）不了解，或者已经有比较固定的购销关系，当然也有可能是对推销员没有好感等。

当遇到顾客提出异议时，应当仔细观察和准确判断好顾客异议的成因，便于采取相应的策略及方法消除这一异议。

案例

一位汽车推销员正在电话里同顾客进行交谈。顾客虽然很有礼貌，但态度显得很强硬："不，谢谢你啦！我现在不需要购买新汽车，如果需要的话，我自己会找汽车经销商的。记得一年前，我经不起一个推销员的百般劝说，就向他购买了一辆小汽车，可是还没用多长时间，那辆汽车就坏了。老实对你说吧，吃亏上当只有一次，我再也不会听你们那套销售经了。"

（二）处理顾客异议的原则与策略

1. 原则

尊重顾客异议，维护顾客的自尊，强调顾客受益并且永不抱怨。

2. 策略

在某些情况下，顾客表面的异议并不能称为真正的异议。当顾客提出异议后，首先耐心倾听，对顾客的异议表示同意或赞同，然后分清并了解这些异议产生的原因，再消除顾客异议。将顾客的每一个异议转换成顾客的一个问题来思考。

比如，当顾客说："你的产品太贵了。"听到这一句话，你要将其转换成顾客在问你："请你告诉我为什么你的产品值这么多钱？"或是"请你告诉我，为什么我花这么多钱购买你的产品是值得的？"来思考。

任务实施

处理顾客异议的方法

针对顾客的异议，需要采取不同的方法进行处理，下面介绍七种比较常用的方法。

一、正面处理法

如果顾客的反对意见是产生于对产品的误解，销售员不妨利用手头上可以帮助说明问题的资料，辅以解释说明，这样让顾客看到你的信心，从而增强顾客对产品的信心，但要注意态度一定要友好而温和。这种方法的不足之处是容易增加顾客的心理压力，弄不好会伤害到顾客的自尊心和自信心，不利于推销成功。例如，当异议产生于对产品的错误理解，则可以这样应答："先生，对不起！我刚才没表达清楚，实际是这样……"

演练

顾客："你的沙发框架时间长了会断裂吗？"如果你是导购员，你会如何采用正面处理法来应对？

_____

_____

二、间接否定法

开始要附和顾客的异议，削弱对方的戒备，然后委婉地说"不"，以纠正异议。例如，当顾客拿我们的产品与竞争对手对比价格，而我们的价格又不占优势时，最好的做法就是用这样一个问题反问他："先生，我们在购买产品时确实要考虑价格的因素，但是当您在考虑价格的同时，也会注意到产品的质量，这才是最重要的，您说是吗？所以只要您对我们产品有了更多的了解，就会明白我们的产品绝对是物超所值的。"

演练

当顾客提出营业员推销的服装颜色过时了，如果你是营业员，你将怎样应对？

_____

三、转化法（也叫"太极法"）

转化法的基本做法是，当顾客提出不购买的异议时，推销人员应立刻把顾客的反对意见直接转换成他必须购买的理由。

转化法处理的多半是顾客对于购买或选择摇摆不定的异议，有时甚至是顾客的一些借口，转化法最大的目的就是让推销人员能够借处理异议之机，迅速地强调商品能带给顾客的利益，以加强顾客购买的意愿。例如，当顾客提出一个异议后，推销员就顺着他的话说："先生，这也是您为什么要买我们产品的原因。"

演练

当一位打算购买沙发的顾客抱怨说："人家 ×× 品牌的沙发坐垫都很软，而你们的坐垫却那么硬。"如果你是推销员，你将怎样采用转化法促成这笔生意？

四、补偿法（也叫"以优补劣法"）

如果顾客的反对意见的确说中了产品或公司所提供的服务中的缺陷，千万不可以回避或直接否定。明智的做法是肯定有关缺点，然后淡化处理，利用产品的优点来补偿甚至抵消这些缺点。这样有利于使顾客的心理达到一定程度的平衡，促使顾客作出购买决策。需要注意的是，使用补偿法的前提是顾客得到补偿的利益要大于异议涉及问题会造成的损失；承认与肯定的顾客异议必须是真实而有效的，最好是单一的有效异议。例如，当批发客户反映"这批羽绒服要到 10 月以后才销得出去，提前两个月进货，占用资金时间太长了。"推销员可以这样应对："是啊，可是现在进货可以享受七折优惠。您算算，还是很划算的。"

演练

"这个皮包的设计、颜色都非常棒，令人耳目一新，可惜皮的品质不是特别好的。"假设你是推销员，请试着采用补偿法来促成这笔生意。

五、问题引导法

推销员可以通过向顾客提问题的方法来引导顾客，让顾客主动消除自己的疑虑，自己找出答案。所问问题大致包括"为什么、是什么、怎么样、在何处、何人、何时"六个方面，这样，通过攻守易位，会收到良好效果。需要注意的是，对顾客的询问应当及时；要把握住客户真正的异议点。

案例

顾客："我想我妻子可能不太喜欢这双丝袜。"

推销员："为什么她不喜欢？"

顾客："这双丝袜太长。"

六、忽视法

所谓忽视法，就是回避、忽视顾客的某些异议，将顾客的注意力转移到主要问题上来。运用忽视法可以使推销人员避免在一些无关、无效的异议上浪费时间和精力，以免发生节外生枝的争论，从而可以节省时间，提高工作效率。但此法不可滥用，在运用时应注意：即使顾客的异议是无效的、虚假的，推销人员也要尊重顾客，耐心地倾听，态度要温和谦恭；在忽视顾客的某一异议时，应马上找到另一个需要顾客重视的内容以免让顾客感觉受到冷落。

案例

涂料推销人员小陈向一位公司采购部张经理进行推销活动。

张经理："你们公司生产的外墙涂料日晒雨淋后会出现褪色的情况吗？"

小陈："经理您请放心，我们公司的产品质量是一流的，中国平安保险公司给我们担保。另外，您是否注意到东方大厦，它采用的就是本公司的产品，已经过去10年了，还是光彩依旧。"

张经理："东方大厦啊，我知道，不过听说你们公司交货不是很及时，如果真是这样的话。我们不能购买你们公司的产品，它会影响我们的工作。"

小陈："经理先生，这是我们公司的产品说明书、国际质检标准复印件、产品价目表，这些是我们曾经合作过的企业以及他们对我们公司、产品的评价。下面我将给您介绍一下我们的企业以及我们的产品情况……"

七、预防处理法

预防处理法是指推销人员在拜访洽谈中，确信顾客会提出某种异议，就在顾客尚未提出异议时，自己先把问题说出来，继而适当地解释说明。

案例

推销员希望客户在15天内付款，他于是这样说："先生，您一眼就可以看出我们公司产品的质量是可靠的，并且价格也比较合理，在操作上也很有特点。您也知道，我们公司要维持合理价格，既凭借可靠的质量，高效率的操作，同时也采用企业界的一般做法，如要求客户在规定期限内付款。虽然会有客户对此方面略有抱怨，但看在我们的产品物美价廉，也基本都能接受，您认为呢？"

任务三
商务洽谈

案例导入

汤姆的汽车意外地被一部大卡车撞毁了，幸亏他的汽车投过全险，可是确切的赔偿金额却要由保险公司的调查员鉴定后加以确定。调查员依据保险单的条款，认为按照公司的规定汤姆最高也只能获赔3500元。但汤姆认为他应该按照保单得到4000元的赔偿。于是双方就赔偿金额有了下面的对话：

调查员：我今天在报上看到一部使用了七八年的菲亚特汽车，出价是 3400 元。

汤姆：噢！上面有没有提到行车里数？

调查员：49000 千米。为什么你会问这个？

汤姆：因为我的车只跑了 25000 公里，你认为我的车子可以比那部车多值多少钱？

调查员：让我想想……150 元。

汤姆：假设 3400 元是合理的话，那么就是 3550 元了。广告上面提到收音机没有？

调查员：没有。

汤姆：你认为一部收音机值多少钱呢？

调查员：125 元。

汤姆：冷气呢？

……

结果两个半小时之后，汤姆拿到了 4012 元的支票。

汤姆用什么样的方法获得了超过自己预想的赔偿金额？

任务描述

显然，汤姆采用了先易后难，步步为营的谈判技巧。那么，商务谈判都有哪些技巧呢？

相关知识

商务洽谈即商务谈判，是指当事人各方为了自身的经济利益，就交易活动的各种条件进行洽谈、磋商，以争取达成协议的行为过程。它是一门综合性的科学，被认为是社会学、行为学、心理学、管理学、逻辑学、语言学、传播学、公共关系学和众多经济、技术科学的交叉产物。以一宗出口交易洽谈为例，要求洽谈者不仅要熟悉了解交易产品的技术性能、生产工艺，还要了解进出口国有关贸易的各项规定、法令和政策，甚至各民族习俗、消费特点、购买心理，否则，他们就不能进行有效的协商，不能很好地完成交易活动。

一、商务谈判的基本原则

1. 双赢原则（即互利互惠原则）

双赢原则是指谈判双方在讨价还价、激烈争辩中，重视双方的共同利益尤其是考虑并尊重对方的利益诉求，从而达到在优势互补中实现自己利益的最大化。

双赢原则的谈判思路：第一，提出新的选择；第二，寻找共同的利益；第三，协调分歧利益。

案例

戴安在一家俱乐部做经理，他计划为俱乐部建一个舞厅。他找到一个承包商，而这个人正想进入建筑行业。承包商愿意为他廉价提供一个优质的舞厅，作为开张优惠，同时他要求在舞厅建成后允许别的客户参观，以宣传工程质量，为自己招揽生意。戴安答应了，但他又进一步要求承包商承担装饰工程。承包商开始很不乐意。戴安告诉他，舞厅美观有利于宣传工程质量。后来，承包商不仅答应再加装饰而且不惜工本地大加装饰。最终戴安以很优惠的价钱得到了一个装修非常不错的新舞厅，而承包商也获得几笔新的生意。这笔交易在双方都很满意和互惠的情况下成功了。

2. 相互合作原则

这一原则是指参与谈判的各方都是合作者，而非竞争者，更不是敌对者。双方应以极大的诚意谋求合作，开诚布公，促成谈判取得成功。

坚持合作的原则，并不排斥谈判策略与技巧的运用，合作是解决问题的态度，而策略和技巧则是解决问题的方法和手段，两者是不矛盾的。

相互合作原则的基本要求包括：着眼于满足双方的实际利益，建立和改善双方的合作关系；坚持诚挚与坦率的态度；实事求是。

相互合作原则的谈判思路：第一，求同存异；第二，妥协策略；第三，强调对方的获益；第四，设身处地；第五，分中求和。

案例

上海某布鞋厂与日本A株式会社做一笔布鞋生意，因日方预测失误，加之海上运期长，布鞋到日本时已错过了销售季节，造成大量积压。日方提出退货，按惯例这显然是行不通的，但中方原则上却同意了。日方说，如果不退货，我们就要破产，中方就会少了一个合作伙伴；这批货虽然退回，但可以同等货价的一批畅销货替换。日方还答应，所有退货的运杂费用由日方支付，以后再进同样的货时，会优先考虑这个厂家。中方认为，这批退货在国内销售并不会赔钱，因为"出口转内销"是具有吸引力的；更重要的是，如果日方破产，必将在日方同行中产生不良影响，损害我方声誉。基于上述理由，中方同意退货，并在选择替代的一批货时，不但保质保量，而且按时发运，使日方A株式会社大赚了一笔，挽救了这家濒临破产的企业。此事在日本立即见报，马上有几家客户来人来函要求与这家布鞋厂合作。中方厂家不但没有赔钱，反而身价百倍，产品供不应求。日方A株式会社要求作为中方厂家对外销售的总代理，全部产品包销，一订就是几年的合同，而且还积极向我方提供国际市场的有关情报，两家合作得很好。

3. 客观标准的原则

客观标准是指独立于各方意志之外、合乎情理和实用的准则。它可能是一些惯例、通则、法规，也可能是职业标准、道德标准、科学准则等。为了更有效地运用客观标准，有几个方面需要注意：

（1）尽量发掘可作为协议基础的客观标准。

（2）寻找客观依据，建立公平的利益分配方法。

（3）善于阐述自己的理由，用严密的逻辑推理来说服对方。

（4）始终保持冷静理性的态度。

案例

1985年，某友好国家工业贸易代表团来华谈判，该国大使先找到有关领导要求促成贸易合作。有关领导指示，在可能的前提下，尽量与对方达成协议。对方要求向中国出口矿山设备，要价高且质量不及先进国家的水平。中方代表很为难，如果答应，中方损失很大，如果当场拒绝，又怕影响两国关系，最后中方代表想出了办法，要求对方拿出一台矿山设备到我国北方严寒地区进行一定时间的试验。如果能在零下40摄氏度中正常工作，我方可以留购，对方答应回去研究。两个月后，对方答复说，他们国家最低温度才零下7.2摄氏度，要适应我国的工作条件，技术上有困难，于是，对方放弃了向我国出口矿山设备的要求。

4. 人事分开的原则

所谓人事分开的原则，就是在谈判中把对谈判对手的态度与讨论的问题区分开来，就事论事，不要因人误事。具体做法是：

（1）在谈判中，当提出建议和方案时，也要站在对方的角度考虑提议的可能性，理解和谅解对方的观点、看法。

（2）让双方都参与提议与协商。

（3）保全面子，不伤感情。多沟通，多阐述客观情况，避免责备对方，对事不对人。

5. 守信诚实的原则

所谓"守信"即言必行行必果，所谓"诚实"是说任何谈判都要诚心诚意。这既是一条谈判原则又是谈判成功的有效法宝之一。

依据守信诚实的原则，在谈判中谈判者应该做到：

（1）讲信用，遵守谈判中的诺言，这是取信于人的核心。

（2）信任对方，这是守信的基础，也是取信于人的方法。

（3）不轻诺，这是守信的重要保障。轻诺寡信必将失信于人。

（4）以诚相待，这是取信于人的积极方法。

诚实与保守商业机密并不矛盾，诚实的意义在于不欺诈，谈判人员都要明白这样的道理。

6. 求同存异的原则

求同存异的原则是指谈判中，面对利益分歧要从大局着眼努力寻求共同利益。求同原则要求谈判各方首先要立足于共同利益，要把谈判对象当作合作伙伴而不仅视为谈判对手，同时要承认利益分歧正是由于需求的差异和利益的不同才可能产生需求的互补和利益的契合，才会形成最终的共同利益。

贯彻求同存异原则要求：

（1）着眼于自身发展的整体利益和长远利益的大局。

（2）着眼于长期合作的大局。

（3）善于运用灵活机动的谈判策略，通过妥协寻求协调利益和解决冲突的办法构建和增进共同利益。

（4）要善于求同存异，不仅应当求大同存小异，也可以为了求大同而存大异。

案例

美国约翰逊公司从一家有名的 A 公司购买了一台分析仪器用于研究开发产品，使用几个月后，一个价值 2.95 美元的零件坏了，约翰逊公司希望 A 公司免费调换一台新仪器。A 公司却不同意，认为零件是因为约翰逊公司使用不当造成的，并特别召集了几名高级工程师来研究，寻找证据。双方为这件事争执了很长时间，几位高级工程师费了九牛二虎之力终于证明了责任在约翰逊公司一方，取得了谈判的胜利。但此后整整 20 年时间，约翰逊公司再也没有问 A 公司买过一个零件，并且告诫公司的职员，今后无论采购什么物品，宁愿多花一点钱、多跑一些路，也不与 A 公司发生任何业务交往。

7. 知己知彼的原则

"知己"即首先了解自己，了解本企业产品及经营状况，全面地分析自己的优势、劣势，评估自己的力量；"知彼"即对谈判对手、谈判的企业、企业的产品进行一系列基础性调查。此外还应"知市场行情"、"知同行"，也就是关注行业内其他企业的产品及经营状况。在一个信息大爆炸的时代，谈判的力量很多情况下表现为信息掌握的多和广，唯有充分掌握资讯，才能做到心中有数，把住底线，游刃有余地开展谈判。

8. 合法原则

合法原则是指谈判及其合同的签订必须遵守相关的法律法规，对于国际谈判，应当遵守国际法，尊重谈判对方所在国家的有关规定。所谓合法，主要体现在四个方面：谈判主体必须合法；交易项目必须合法；谈判过程中的行为必须合法；签订的合同必须合法。

（1）谈判主体合法是谈判的前提条件。无论是谈判的行为主体还是谈判的关系主体，都必须具备谈判的资格，否则就是无效的谈判。

（2）交易项目合法是谈判的基础。如果谈判各方从事的是非法交易，那么他们为此举行的谈判不仅不是合法的谈判，而且其交易项目应该受到法律的禁止，交易者还要受到法律的制裁，如：买卖毒品、贩卖人口、走私货物等，其谈判肯定是违法的。

（3）谈判行为合法是谈判顺利进行并且取得成功的保证。谈判要通过正当的手段达到目标，而不能通过一些不正当的手段谋取私利，如：行贿受贿、暴力威胁等。只有在谈判中遵循合法原则，谈判及其签订的合同或协议才具有法律效力，谈判当事人的权益才能受到保护，实现其预期的目标。

任务实施

商务谈判的技巧

在商务谈判中，要说服对手接受己方的条件是一项艰巨的"攻关项目"，它不仅要求谈判者能娴熟地综合运用提问、倾听、答复等各种语言技巧，而且还要求掌握如下的要领。

一、先易后难，步步为营

在商务洽谈中，对于双方所要讨论的问题，应先权衡其难易程度，按"先易后难"的次序，先谈容易达成协议的问题，这样更容易达到预期的效果，取得成效。双方如果从一开始就显示出合作的诚意和彼此的信任，从而创造友好的洽谈气氛，就能减少双方的猜忌，增强彼此对交易成功的信心和愿望。如此循序渐进，每一个问题的解决都为下一个问题的解决奠定了良好的基础。

二、示之以利，淡化其弊

由于洽谈者以利的追求参与洽谈，会十分注意利益的得失。因此，为了说服对方，应先迎合对方逐利的本能，示之以利，用利益来激发对方的兴趣和热情，然后，略述其弊，这样，对于"利"先入为主的思维定势，往往有助于稀释其后所陈述的"弊"给对方所能带来的消极作用，达到良好的劝说效果。

案例

戴尔·卡耐基有一段时间每个季度都有10天会租用纽约一家饭店的舞厅举办系列讲座。某天，他突然接到这家饭店发来的一封要求将租金提至两倍的通知。当时举办系列讲座的票已经印好且已发出去了。卡耐基当然不愿意支付提高的那部分租金。几天后，他去见了饭店经理。他说："收到通知，我有些震惊。但是，我一点也不埋怨你们。如果是我，可能也会写一封类似的通知。作为饭店的经理，你的责任是尽可能多地为饭店谋取利益，如果不这样，你就可能被解雇。但如果你提高租金是否就能真的获利呢？那么让我们来分析一下这样做的好处和坏处……"接着，他拿出纸在中间画了一条线左边写"利"，右边写"弊"，在利的一边写下了"舞厅供租用"。然后说："如果舞厅空置，可以出租供舞会或会议使用，这是非常有利的，因为这些活动给你带来的利润远比办系列讲座的收入多。如果我在一个季度中连续20个晚上占有你的舞厅，这意味着你将失去一些非常有利可图的生意。""现在让我们考虑'弊'的方面。首先你并不能从我这里获得更多的收入，只会获得更少，实际上你是在取消这笔收入，因为我付不起你要求的价，所以我只能被迫改在其他的地方办讲座。其次，这个讲座吸引了很多有知识、有文化的人来你的饭店。这对你来说是个很好的广告，是不是？实际上，你即使花5000美元在报上登个广告也吸引不了比我的讲座能带更多的人来这个饭店。这对于饭店来说是很有价值的。"卡耐基把这些都写了下来，然后交给经理说："我希望你能仔细考虑一下，权衡一下利弊，然后告诉我你的决定。"第二天，卡耐基收到一封信，通知他租金只提高原来的1.5倍，而不是原来的两倍。

三、强调互利，激发认同

要合作，就应强调双方利益的一致性与互惠性，因此，在说服对方的过程中应及时适当地强调这场谈判的成功能给双方带来的好处，强调双方的一致性，特别要强调有利于对方的各项条件，以激发对方的积极性。

四、恩威并施，利诱说服

谈判应建立在需要的基础上。需要是多重的，不但要尊重对方的需要，而且要善于寻找对方的需要。

案例

我国某玻璃厂与美国某玻璃公司谈判设备引进事宜，在全套引进与部分引进这个问题上出现僵局。我方的希望是国内能生产的不打算进口，采用部分引进。为使谈判达到预期目标，我方代表决定采取劝诱策略。他说："你们公司的技术、设备和工程师都是世界第一流的。引进你们的设备搞技术合作，一定可以使我们成为全国第一的玻璃生产企业，相信这不仅对我们有利，对你们更有利。"对方听后很高兴气氛也随之活跃起来。此时，我方代表话锋一转，接着说"我们厂的外汇的确很有限，不能买太多的东西，所以国内能生产的就不打算进口了。现在你们也知道日本、比利时、法国等都在跟我们厂搞合作，如果你们不尽快跟我们达成协议的话，那么你们就要失去中国的市场，人家也会笑你们公司无能。"这番话打破了僵局，最后达成了协议。同时为我方省下了一大笔资金，而美方也因帮助该厂成为全国同行业产值最高、能耗最低的企业而名声大振，赢得了很高的声誉。

五、顺从迂回，示其结果

谈判者是以逐利为目的参与的，而谈判则是为解决问题而举行的，因此，谈判过程中难免会出现为维护己方的利益而陷入僵局的情况，此时若一味坚守己方条件，则僵局难以打破，有经验的谈判者常采取顺从的办法，同时指出接受对方条件可能出现的后果是双方都无利可图，使对方知难而退。

案例

柯泰伦曾是苏联派驻挪威的全权代表，她精明强干，可谓女中豪杰，她的才华多次在外交和谈判桌上得以展示。有一次，她就当时苏联进口挪威鲱鱼的有关事宜与挪威商人谈判。挪威商人精于谈判技巧，狮子大开口，出了个大价钱，想迫使买方把出价抬高后再与卖方讨价还价。而柯泰伦久经商场，一下识破了对方的用意。她坚持出价要低、让步要慢的原则。买卖双方都拿出了极大的耐心，不肯调整己方的出价，都希望削弱对方的信心，迫使对方作出让步，谈判进入了僵持的状态。柯泰伦为了打破僵局，决定运用谈判技巧，迂回逼近。她对挪威商人说："好吧，我只好同意你们的价格了，但如果我方政府不批准的话，我愿意以自己的工资支付差额，当然还要分期支付，可能还要支付一辈子的。"挪威商人只得调整报价，使谈判达成了双方都比较满意的结果。

六、以诚相待，赢取信任

谈判中应当提倡坦诚相见。不但将对方想知道的情况如实相告，而且可以适当透露我方的某些动机和想法。坦诚相见是获得对方同情和信赖的好方法。不过应当注意与对方坦诚相见难免要冒风险，对方可能利用你的坦诚逼你让步，你也可能因而处于被动的地位。因此坦诚相见是有限度的，并不是将一切和盘托出，应以赢得对方信赖又不使自己陷于被动为原则。

案例

A 先生与 B 先生谈一笔黄豆的买卖。A 先生是买方，出价每吨 136 美元；B 先生是卖方，报价是每吨 150 美元。经过认真坦率的谈判，互相妥协。A 先生表示愿出 140 美元买进，B 先生表示愿以 145 美元的价格卖出。最后，双方因上司授权限制，说了爱莫能助之类的话后分手告别。三天后，A 先生接到 B 先生的电话，说愿以每吨 140 美元的价格卖出。原来，B 先生的公司资金周转出了些问题，急需现金。A 先生约 B 先生面谈，B 先生在介绍了情况后，A 先生说：伙计，经过慎重考虑，我愿以每吨 145 美元的价格买进。B 先生喜出望外，紧紧握住 A 先生的手连声道谢。

思考题

1. 小马是长虹化工工程设备公司新进的推销员。前天，他接到山西金煤化工厂设备科谭科长的询价电话，因为他当时不知道谭科长是不是真正的用户，就以"新的报价单还在打印"为由，未给谭科长报价。这两天通过电话交流和上金煤公司网站查寻，证实金煤公司是个真正的客户，而且是个大客户。应该怎样给谭科长报价呢？如果按照通常的报法先报一个高价（当然不高于同行的报价），就有可能把谭科长吓跑，最终被对手抢走；如果一开始就报实价，又担心将来没有讨价还价的余地。如何给谭科长报价，小马有些犹豫。如果你是小马，你会怎么办？为什么？

2. 以顾客的身份走上市场试着与商家或摊主讨价还价。

3. 寻找平日里与你的父母发生争执的事，试着就此事与他们商谈。

项目八　空间语言

任务一
空间语言概说

案例导入

1959 年，他出版了题为《无声语言》一书，1963 年，又出版了题为《医学和人类学中的人类形象》一书。他指出"空间会说话"，首次向人们详细地介绍了人类的空间关系，空间语言的意义及对人类行为的支配作用。1966 年，罗伯特·安德烈的《领域要求》一书问世。在该书中，他讨论了兽类、鸟类和鱼类对领域的划分和守卫行为，指出人类同动物一样，也有强烈的领域需求感，并且有一整套不成文的规矩。

任务描述

界域语的功能是什么？

相关知识

一、空间语言的含义

空间语言又称为界域语，通常是指在交际过程中，人们凭借交际的空间距离来沟通情感、传递信息的一种无声语言。这种语言往往不易被我们直接感知，但它存在着并影响着我们的交际活动。当我们在空间中移动变化，在特定场合发生位次排列，或者当空间语言被不恰当地使用时，我们便会注意到这种语言的存在。爱德华·T.霍尔教授较早对空间语言在人类交际中的作用进行了深入研究。

霍尔认为，空间的变化可对交际过程产生影响，加强交际效果，其作用甚至超过语言的作用。霍尔将空间范围分为三种类型，即固定空间、半固定空间和非正式空间。固定空间是由诸如围墙等大型固定物体构成的空间；半固定空间是由桌椅板凳等较大物体构成的空间；非正式空间则是人际交往中个体所习惯维护的个人空间气泡。这个个人空间气泡是无形而可变的，如果有人靠得太近，突破了个人空间气泡，入侵了个人领域，人就会感到不舒服或不安全。这个领域的大小和谁能够进入都由个人自己来决定。在现实生活中，我们随时随地都有界域意识，因为人在心理上都具有把自己圈住在某一个体空间里的现象。在人际交往中，人会无意识地产生势力圈的感觉，将自己占有的或在自己身体支配下的周围空间视为自己的势力范围。当我们的空间未经允许而被侵犯的时候，我们便以各种各样的方式做出反应，或退让，或回避，或停止，或以一种激烈的冲突方式反映出来。如在骑自行车时，人家抢了你的道，你就会感到不愉快，这就是界域意识的表现。顾客在餐厅中总是错开就座；陌生人之间不会选择进入包房用餐；在公共座位中，一般不会选择夹坐在两个陌生人中间等。

二、空间语言的类型

空间语言主要包含领域性、位置和距离三个方面。

（一）领域性

霍尔认为，生物与外界的关系除自己肉体界限以外，再向外扩展还有一个有机体的领域。霍尔将领域性看做是空间语言的核心。他将"领域性"定义为"个人要求自己有一个领地范围并对这一范围加以维护的行为"。维护领域的两个基本方法是防止和反应，前者通过监视不让他人进入自己的领域，而后者是在防范不能奏效时，人们为恢复个人领域所做出的各种反应。

美国心理学家奥尔特曼将领域划分为三类：一是主要领域，即个人独占的领域和日常活动的中心，一般不为外人使用，个人物品一般属于这个领域，如书房、书桌、化妆间、抽屉、衣柜等；二是次要领域，即不是个人的私有财产，但属于个人临时享有的领域，如办公室的写字间、教室里的固定座位等；三是公共领域，即主要指任何人都可享有的临时领域，如商场、剧院等。他认为次要领域是最容易引起文化冲突的场所，因为这一领域是人们临时享有的领地，并且公私界限含混不清。（康文红：《空间语的文化含义及在跨文化交际中的意义》，载《浙江教育学院学报》，2007 年第 2 期）

（二）位置

交际双方之间所处的位置和角度等的不同，会产生不同的情感意义和交际效果。位置表示出排斥与不排斥，相对于平衡，一致与不一致等沟通信息。

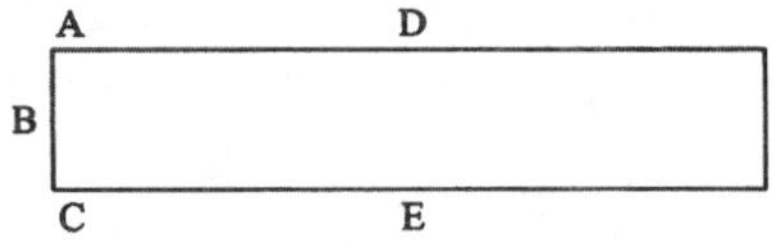

交际位置分析图见图 8-1-1 所示。

图 8-1-1　交际位置分析图

如果交际双方（A 和 B）各取上桌脚就座，分别坐在两边，A 是主谈人，那么 B 所在的位置叫做社交位置，这种位置适合于和善轻松、诚挚友好的谈话。因为双方不远不近，亲疏适当，都只能看到对方的一个侧面，可以随时根据话题的变化调整体态，双方不会有紧张情绪和对立情绪，交际气氛轻松开放。而 D 所在的位置叫做合作位置，即交际双方为达到一定的目的而采取的一种并肩而坐的座次。体现了双方平等友好的关系，人际距离较前一种情况更为接近，双方信任度增强，这种座次适合于双方交换意见、融洽感情时使用。总经理和副总经理之间交谈即可采取这种座位方式。C 所在的位置叫做竞争位置，即交际双方隔桌相望而坐。D 的座位与其他人之间的关系较为疏远，不便沟通，这种情况往往用于谈判。友好的洽谈和讨论商议性质的会晤，应尽量避免这种单键防御座次。两国首脑会议会谈时的隔桌相对而坐，则是另外一种情况。E 所在的位置叫做公共位置或独立位置，即交际双方隔桌相望并各坐在桌子的一角，形成一种互不干扰的气氛。双方之间无须沟通或较少沟通，一般公共场合的陌生人之间，都是这种位置关系。适用场合一般是饭店、图书馆、阅览室、公园等处，此座位表示彼此不感兴趣。

在秘书工作中应该特别注意人际交往的位置，比如：向上司汇报工作时，应该坐在上司办公桌前的接待椅上；向上司作情况介绍时可位于上司的右侧；陪同上司接待时应位于上司的左后侧等。

另外，位置还包括空间取向，具体分为水平取向和高低取向，一般是利用空间的位置、朝向、安排布局等来体现不同的文化和价值观，通过不同的方位和先后次序来体现尊卑关系。空间取向所代表的非言语意义和不同民族的文化传统及风土人情有着密切的联系。比如，中国古代建筑，不论是帝王宫殿还是普通民房，都讲究坐北朝南。在东西方向上，中国人一般遵守着以东为首的空间取向规则，即所谓"东为正，西为偏"。现代汉语中的"房东""做东"都是偏好东的体现。

（三）距离

人们在交际中，相互身体间的距离是空间语的另一个重要方面。人们在交际中利用不同的距离来达到不同的交际目的，表达不同的交际信息。体距的远近往往反映出交际双方的亲疏远近程度。1963 年，美国人类学家爱德华·霍尔在《近体行为的符号体系》一文中提出了"近体学"的概念，用以概括对人类交往的空间距离问题所进行的研究。霍尔认为，人们在沟通时互动双方的空间由近及远可以分为四个区域。

1. 亲密区域

亲密区域（0~46 cm），又称亲密空间，其语义为"亲切、热烈、亲密"，在这个距离内可以感受对方的体热和气味，沟通更多依赖触摸觉。在通常情况下，这种距离只允许父母、夫妻、情侣或孩子进入这一范围。通常情况下，亲密区域只限于个人情境，如在家中或僻静处，但在有些国家人们在公共场合有亲密接触的习俗，如接吻、拥抱等。其中0~15 cm 为近位亲密区域，常用于恋人或夫妻之间，表达亲密无间的感情色彩；16~46 cm 为远位亲密区域，是父母与子女、兄弟、姐妹间的交往距离。

2. 个人区域

个人区域（46~120 cm），又称身体区域，其语义为"亲切、友好"，这种距离是朋友之间进行沟通的适当距离。个人区域又分为近位个人区域和远位个人区域。46~75 cm 为近位个人区域，在这一区域人们可以保持正常视觉沟通，又可以相互握手。陌生人进入这个距离会构成对别人的侵犯，在与别人不熟悉的情况下进入这个距离与人谈话，会使别人边说话边后退。76~120 cm 为远位个人区域，熟人和陌生人都可以进入这一范围。在通常情况下，关系融洽熟悉的人一般在近位个人区域活动，而陌生人在远位个人区域活动。

3. 社交区域

社交区域（120~360 cm），其语义为"严肃、庄重"。这种距离的沟通不带有任何个人情感色彩，用于正式的社交场合。在这个距离内沟通需要提高谈话的音量，需要更充分的目光接触。如政府官员向下属传达指示、单位领导接待来访者等，往往都采用这一距离。社交区域可分为两个区间：其中，120~210 cm 为近位社交距离，适合于社交活动和办公环境中处理业务等；210~360 cm 为远位社交区域，适合于比较正式、庄重、严肃的社交活动，如在谈判、会见客人、工作招聘时的面谈等。

4. 公共区域

公共区域（360 cm 以上），又称大众界域，其语义为"自由、开放"，是人们在较大的公共场所保持的距离，是一切人都可以自由出入的空间距离。常出现于大型报告会、演讲会、迎接旅客、小型活动等。

一般来说，当我们和他人交往时，间隔多少距离取决于具体的情境，以及我们与交谈对象的关系。但是，文化及习惯因素对人际交往的距离也有影响。将这些因素综合起来可以归纳为以下四点。

（1）亲密和了解程度

这是最主要的决定因素。一般来说，夫妇、恋人处于亲昵区，朋友间的正式互动处于个人区，熟人交往在社会区，而一般的公开的正式交往在公众区。

（2）文化背景

在不同的国度、不同的种族中，人际沟通的距离往往不同。

（3）社会地位差别

社会地位相差较大的人相互间沟通比较正式，因而人际距离也较远；社会地位相近的人沟通距离则较近。此外，由于上层社会的礼仪规范、繁文缛节的影响，高阶层的人们相互之间的沟通距离一般要大于低阶层的人。

（4）性别间的差异

在同性之间的交往上，一般男性的"个人圈"较大，而女性则戒心不强，在大街上更喜欢手拉手、肩搭肩结伴而行。在社会心理学的实验中，让相同数量的男性或女性同处一间小屋待上一段时间。结果发现，男性时间稍长就会感到焦虑不安，脾气更加暴躁，冲动性和侵犯性都有所增加；但同等数量的女性待在一起却能融洽相处，亲密无间。

任务实施

界域语的功能

一、显示关系

人际关系往往反应在空间距离上，这种距离包含静止距离和位移距离两种。静止距离与关系的亲疏程度成正比；位移距离与人的态度、情感成正比，与人的社会、家庭地位成反比。在人们相互交谈时，通过交流者之间的距离，我们能够判断出他们关系的亲疏。换种说法，如果一个熟人或是朋友与你交谈时靠得过近，超过你认为的恰当限度，你就会感到不自在。我国古代的皇帝，坐在高高的龙椅上，与大臣们拉开了较大距离，独占较大的空间；大臣们在皇帝面前均要弯腰低头，眼睛不能直视皇帝，退朝时还要背朝外退出。所有这些，都表现了皇帝至高无上的权力与地位。

二、自我保护

在社会生活中，人的身体周围有一种虽然看不见但却实际存在着的界限，这种界限所包围的身体周围的区域就是个人空间。个人空间犹如一个"空气泡"，保护着身体，成为身体的缓冲区。虽然这个"泡"没有有形的屏障，但如果不应闯入的人闯入了我们的"空气泡"内，我们就会感到紧张与窘迫。人逼近动物的"个人领域"时，它就会后退，当它无路可走时，人若再进逼，它就会转身反扑上来发动进攻。比如，狗急跳墙现象，其实就是空间语言的领域性在起作用。在候机厅、候车厅、宾馆大堂、图书馆、餐馆等公共场所，如果一个陌生人在还有很多空座位的情况下，却偏偏选择坐在你的旁边、对面；你的邻居习惯将自己的车停在你的门口而不是自己家门口；会议主持人赶到会场时却发现主持会议的座位已坐着别人……这些别人错误使用空间的情况常常会让我们感到不自在，甚至愤怒。

三、形成规范

在排队时，如果没有隔离栏杆和隔离绳索这种要求排队的信号限定和引导，场面往往会是非常混乱的。即使是在高度文明的社会里，在没有限定排队时，人们自觉的相互合作行为也会迅速退步。古代的统治者通过所占有空间的大小、空间中方位的运用、距离的运用等来显示等级，形成制度规范。

四、辅助表达

空间语言的辅助功能在戏剧、演说中表现尤为强烈。电影、电视可通过镜头的推拉，改变观众与演员的距离，增强其艺术效果。国内外的戏剧艺术家们为了克服空间对戏剧的限制，先后作出种种尝试，来加强戏剧艺术的感染力。如把舞台或台唇延伸到观众席间，演出场所改设在中心舞台的剧场、体育馆等，以此来削弱空间距离，加强与观众的亲和力。古代皇帝或钦差大臣出巡时，总是前呼后拥，这是通过空间的规模效应和距离效应使臣民百姓对其增加敬畏感。人们还往往通过空间的变换和布置来烘托交际的气氛，比如，恋爱中的男方通过改变请女友用餐的地点来表达特殊的情调、感情的升华等。

任务二
交际中人际距离的应用

案例导入

总经理与来访者之间的空间变化，可以表明他们各自的地位和他们之间的关系不同。来访者进门后，不再往前走，仅站在门口问候、试探，或说明来意，这表明此人地位较低，或与总经理的关系疏远。来访者进门后，如果朝总经理走几步，中途停下来说话，这个距离表明他地位中等，与总经理大体可以平起平坐，或关系较近。假如来访者进门后，径直走到办公桌前，正对着总经理说话，那么这就表明他的地位较高，或与总经理关系密切。总之，来访者深入总经理的领域的远近，深入速度的快慢，表明了他的地位高低，以及他与总经理的关系的亲疏。

任务描述

如此说来，办公布局直接影响着办公效率，那么如何优化办公布局呢？

相关知识

由于距离在人际交往中可控性较强，对于人际交往有着重要的影响，本节将详细讨论控制交际中人际距离的几种方式。

一、调节空间大小

人们应根据交际对象和需求的不同对个人所需空间进行调适。爱德华·T.霍尔在1963年提出个人空间是球形或环形的。后来有研究指出，有些人的背后区空间大，有些人的前面区空间大。1978年海达克教授提出个人空间有一个纵向轴，脚周围的空间按比例可能比头周围的所求空间小一些。图8-2-1描画了一个以个人身体为纵向轴的个人空间，虚线所

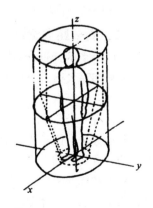

图8-2-1 个人空间形状图

标示的区域即为个人所需的空间。身体前区和后区的需求大小会改变个人空间的大小和形状。这也就是个人空间的一个最重要的特性——可变性（庄锦英：《空间语言：一种被忽略的教学力量》，载《基础教育》2007年第5期）。人们在各种不同的情况下，对个人空间的需求会有所不同。当真实的个人空间大于一个人所需要的空间时，他就会感到孤独和寂寞；当真实的空间小于他所需要的空间时，或当他的空间范围受到侵犯时，他就会感到烦躁不安。比如，一个人在同熟人谈话时会比同恋人谈话时对个人空间的需求更大，同一个有敌意的人谈话又比同不太熟悉的人所需个人空间更大。

人体占有空间的大小与人的欲望、情感、个性和能力等成正比。比如，地位高的人喜欢昂着头、目光向下，走路时踱方步，握手时右手从身体上区往下伸出，显示出极强的支配欲，他们的行为所占的空间大；有权势的人喜欢把双手抱在胸前，双腿重叠式就座或将双脚放在办公桌上，表示自己的主人地位；在办公室内，人们往往希望自己有独立的工作空间，办公桌和坐椅宽大等。为了获得良好的沟通效果，秘书应拥有处下的心态，尽量减小自己的个人空间，肢体行为内敛，范围幅度缩小，以赢得上司和他人的青睐。在秘书工作中应注意通过餐厅、会议室、办公室等的桌椅布局来调节空间大小，保持空间的防卫和交际功能。比如，上司应安排独立的办公室，宽大的办公桌和独立的会客区以保证其权威感；文字和机要秘书应安排单独的办公室、相对僻静的地方以保证其工作环境的安静和保密。

在交际中，人们还可以通过不同空间的变换来改善交际效果。例如，两个重庆的陌生人在他乡相遇和在重庆的电影院里相遇，其结果会截然不同。两个人在他乡相遇，知道对方也是重庆人后，短时间里会谈得十分投机，大有"老乡见老乡，两眼泪汪汪"之感。而两人在重庆的电影院里相遇，即使他们坐在一起，也一般都是各行其是，很少相互交流。因此，如果两名员工在办公室内发生争吵，秘书可以将双方或其中一方叫到室外，借助空间的变化让他们冷静。对于员工，应适当安排与他们到郊外、公园、海滩等空旷的地方进行交流，因为置身在很大的空间里，可以增进彼此之间的感情。否则老是在拥挤城市的写字间里办公，狭小的工作空间、密集的办公设备，对人们的身心健康和相互关系有很不利的影响。甚至当人满为患，个人空间总是被侵占时，人们就会时常感到烦躁不安，还可能会发生争吵的不良现象。

二、调节距离远近

人际距离的远近标示着人际关系的亲疏，所以人际交往时应注意控制与调试人际距离。如果相隔太远，会有疏远傲慢之感，让人难以接近；如果隔得太近，又显得不够尊重对方，有时甚至有讨好、套近乎的嫌疑。所以人们认为"君子之交淡如水"，就是指人际距离要保持一个合适的度。

假如你是一位经理，在你的办公室里经常要和员工谈心，与客户谈生意，那么由于对方的身份和与你的关系不同，对方坐的位置也就是你和对方的距离、角度应当有所不同。如果对方和你的关系亲近、友好、平等，那就请对方坐在你的办公桌的左侧或右前方的近处，员工与朋友适合于这两个位置。如果来的人是竞争与谈判的对手，那就请对方在你办公桌的正对面较近处就座，这样显得正规，并带有一定的防范性。如果你要倾听员工的意见和心声，则最好在办公室的会客区，与他坐得较近，地位平等，这样对方在交流时防范较少，气氛比较轻松。而门口的位置便是距离较远的公共位置，站在那里就显出一种互不相关的关系。总之，空间的变化可以传达出各种信息，尤其和人际关系的远近与特点密切相关，所以我们要充分认识和利用空间语言，通过空间语言进行识人，同时使其与自己的有声语言和体态语言相配合、相协调。这不仅是交际礼仪的需要，也是取得良好的交际效应的需要。

三、调整行为高度

身体从上到下分为三个区域：肩部以上被称为上区，在这个区域，人们的行为一般传达出积极、肯定的含义，比如宣誓、号召时挥动拳头等；肩部至腰部称为中区，人们的行为在此区域一般传递出客观公正、自然平和的含义，比如，两人见面时的握手，互换名片等；腰部以下称为下区，人们的行为往往表达出消极、否定的意思，比如，表示拒绝、向下挥舞拳头等。我们在交际时应该很好地利用这一空间位置所传递出的不同意义，比如，由于真实的原因而造成拒绝对方而表示无奈，双手就应该在身体下区向外摊开，而不要在上区做此动作，否则就容易理解成故意拒绝之意了。

四、变换位移距离

位移距离是指人们为交际活动而移动的距离。身体位置的移动变换主要包含横向移动和纵向移动两个方面。横向移动主要指前后或左右移动，纵向移动主要指向上或向下移动。

由于位移距离与人的态度、情感成正比，与人的社会、家庭地位成反比，在交际时要谨慎使用。送别客人时，由于送行距离越远越能体现主人的好客与留恋，所以主人可根据具体情况作出最大限度的身体位移距离，表示对客人的尊重和热情，比如，亲自送客人到机场、港口、码头等，在中国文化里就有"送君千里，终有一别"之说。另外，人们也常用"不远万里""千里迢迢""远道而来"等来称赞客人来访的不易。1972年美国总统尼克松访华时，鉴于中美当时特殊的外交关系，周总理制定了"不冷不热、不卑不亢、以礼相待"的外交方针。以礼相待，就是要在机场悬挂两国国旗，党政要人到机场迎接，在机场检阅三军仪仗队，军乐队奏两国国歌。不卑不亢就是要求所有接待人员既要表现出中华民族特有的尊严，不自卑，又要热情，不失礼节，充分显示我们从来就是礼仪之邦。不冷不热，就是不组织群众欢迎，但要加大仪仗队阵容。为了突显中美两国政府首脑第一次握手这一历史性的时刻，美国方面刻意安排尼克松的随行人员暂缓下飞机，并委派一名身材高大的保安人员把住舱门。美方保持随行人员与总统之间的距离、尼克松总统快步迎上前来与周总理握手等就是对位移距离的很好运用，突显了其对此次访问的重视。中方等到尼克松总统下到舷梯一半时才开始鼓掌欢迎，显示出不失礼节、不卑不亢的接待规格，也是位移距离的良好运用。国际会谈常把地点定在与双方等距离（或等亲疏程度）的第三国，以便为会谈创造平等、融洽的气氛。

在工作中，如果有客人前来拜访，秘书一定要迅速起身迎接，如果客人要握手或交换名片等，秘书都必须起身应对，这种由坐姿变为站姿的纵向位移就可以表达出对客人的尊重之意。当球员们在比赛中取得胜利时喜欢高高地向上跳起挥动双手，表示欣喜；人们在犯错误时喜欢低下头，甚至恨不得有个地缝钻进去、无地自容，这些都说明向上的位移一般表示正面的意义，向下的位移则往往表示出负面情绪。

任务实施

优化办公布局

工作中，不同的办公环境布局形式对人际关系将造成影响，利用空间语言的有关理论能够很好地指导办公环境布局。

现代办公环境一般采取封闭式、开放式和混合式三种总体布局形式，这三种形式各有优点和弊端，可根据单位的性质、规模和实际情况灵活地采用。

封闭式布局（图 8-2-2）是一种较为传统的办公室布局，是指利用墙壁、窗户等建筑设施把员工的工作区域分隔开来。这种布局形式的优点是：工作环境相对安静，易于集中注意力来进行细致和专业的工作；员工拥有相对独立的私人空间，工作环境显得相对的安全，有利于保密和保护个人隐私。缺点是：各职能部门之间的信息难以得到及时有效的沟通，工作协调不够快捷灵便，工作效率、业务执行力受到一定程度的影响；非办公空间的占用率较大，增加了设备设施的投入，无形中提高了行政费用；增加了能源成本和建筑成本，空间利用率较低，重新布局不灵活等。

图 8-2-2　封闭式办公布局

图 8-2-3　开放式办公布局

开放式布局（图 8-2-3）就是将一个大的办公空间按照一定的原则和标准划分为多个相对独立的办公区间（工作单元），所有工作人员按照工作职能和工作程序安排在各办公区开展工作。这种布局形式中各个工作单元之间可以通过隔断来实现。这种布局形式的优点是：由于没有墙壁的阻隔和明显的等级标志，管理系统更容易实现扁平化，便于部门与部门、管理者与员工、员工与员工之间的沟通与协调，便于领导者的监督与管理；提高办公设备的共享性、降低能源的消耗，节省办公空间和办公经费；布局方式灵活，布局成本较低。其缺点是：噪声干扰大，容易分散工作注意力；缺乏单独办公的机会，私密度低，不利于工作保密和处理个人事务。

　　混合式布局（图 8-2-4）是指在开放式布局的大办公室内，把组织内部的各职能部门单独成间或用组合式办公用具或其他材料分隔开来，组成若干个工作区域。混合式布局吸收了开放式布局和封闭式布局的优点，开放中有封闭，各部门既相对集中，又在一定程度上避免了相互干扰，受到越来越多企业的青睐。

图 8-2-4　混合式办公布局

任务三
交际中位次礼仪的应用

案例导入

　　《红楼梦》第三回："王夫人遂携黛玉穿过一个东西穿堂，便是贾母的后院了，于是，进入后房门，已有多人在此伺候，见王夫人来了，方安设桌椅。贾珠之妻李氏捧饭，熙凤安箸，王夫人进羹。贾母正面榻上独坐，两边四张空椅，熙凤忙拉了黛玉在左边第一张椅上坐了，黛玉十分推让。贾母笑道：'你舅母你嫂子们不在这里吃饭。你是客，原应如此坐的。'黛玉方告了座，坐了。贾母命王夫人坐了。（桌外之座）迎春姊妹三个告了座方上来。迎春便坐右手第一，探春左第二，惜春右第二。"

任务描述

　　中国古人十分注重方位礼仪。今天，我们该如何运用位次礼仪呢?

相关知识

一、中国古代方位观

　　中国是礼仪之邦，人们在社交活动中特别注意空间中方位的含义，在某种意义上，方位选择具有体现人际关系状况、尊重交际对象、彰显自身文化涵养的重要作用。例如，古人乘车以左边为尊位。《曲礼》"祥车旷左"。旷，空也。一般主座居左，御者居中，居右为陪坐，叫"参乘"或"车右"。居中御者执鞭，对右边之人多有不便，因此尊座在左。如果左边座位的人没有来，则要把左座留空，这个礼节在古代称为"虚左"。例如，《史记·项羽本纪》中张良向项王介绍："此沛公之参乘樊哙者也。"故车虚左，是表示对客人的尊敬。《史记·魏公子列传》中写道：信陵君"虚左，自迎夷门侯生。"足见信陵君的礼贤下士。

中国人在交际中认为，南边、东边、左边、中间几个方位特别重要。

1. 尚南

《说文》中说："南，草木至南方有枝任也。"在中国传统文化里尚南，把南向视为至尊。这是由于中国位于北半球，阳光是从南面照射过来的，"万物负阴而抱阳。"（《老子》四十二章）这种特定的地理环境造就了我国民族的方位观念，即从面南定位：前南后北左东右西。古人以南为阳、以北为阴。所以古代宫殿、官府、庙宇都面向正南。故帝王的宝座面向南，天子、诸侯见群臣，或卿大夫见僚属，皆南面而坐，所谓"面南称王"。古代君见臣，尊长见卑幼，南面而坐，所以臣民叩见皇帝自然要面向北方，即所谓"面北称臣"。后来把失败也引申为"败北"。

2. 尚东

《说文》中说："东，动也，从木。官溥说：从日在木中。"古人把东视为上、为主、为首。皇后和妃子们的住处分为东宫、西宫，而以东宫为大为正，西宫为次为从。供奉祖宗牌位的太庙，要建在皇宫的东侧。

东，引申有主人之义。《礼·曲礼上》有："主人就东阶，客就西阶"之语。后来便以东代主人。主人之位在东，客位在西，所以主人称东。如股东、房东。古人认为东方的图腾是青龙，西方的图腾是白虎，故东方呈上升趋势，显得重要，所以古人将设宴请客曰作东道。

3. 尚左

《说文》中说："左，手相左助也。"面向南时东边为左。《坛礼仪·大射礼》："宰胥荐脯醢，由左房。"郑玄注："左房，东房也。"古代尚左，所以会出现"文左武右""男左女右"的现象。

4. 尚中

《说文》中说："中，内也。"中，有正、中心、中央、不偏不倚之意。如《周礼》中说"以五礼防万民之伪，而教之中"，这里的"中"即"中正"的意思；汉代王褒《四子讲德论》中说："君者中心，臣者外体"，这里的"中"即"中心，物之中央"的意思；《韩非子·扬权》："事在四方，要在中央。"其中："四方谓臣民，中央谓主君。"现在大型会议主席台上安排座次，尊者居中，次者居左，再次者居右，这也是方位座次之礼。

二、现代方位观

1. 前后

行进时，前为上，后为下。当与长辈、上司同行时，应让其先行，自己后半步随行。入座时，前排为领导、嘉宾就座。

2. 左右

右为上，左为下。在引领时，主人应让客人走自己的右侧，上楼梯或进入过道，应让客人走内侧，这样可以减少外部对客人的影响。

3. 中间和两侧

中间为上，两侧为下，两侧又以右为上、左为下。三人行走或就座，都应请长辈、上级在中间，晚辈、下级在两侧。

任务实施

位次运用

一、会客时的位次

1. 相对式

相对式是指宾主双方面对面而坐。这种方式显得主次分明，往往易于使宾主双方公事公办，保持距离。它多适用于公务性交往中的会客。它通常又分为两种情况。一是"面门为上"，即离门较远、面对正门之座为上座，应请客人就座；离门较近、背对正门之座为下座，宜由主人就座（图8-3-1）。二是"以右为上"，即进门后右侧之座为上座，应请客人就座；左侧之座为下座，宜由主人就座（图8-3-2）。当宾主双方不止一人时，情况亦是如此（图8-3-3）。

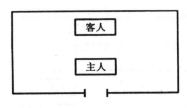

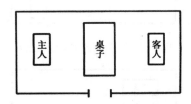

图8-3-1　相对式会客排位之一　　　　　图8-3-2　相对式会客排位之二

2. 并列式

并列式指主客双方并排就座，以暗示双方平起平坐，地位相仿，关系密切。它具体分为两类情况。一是双方一同面门而坐。此时讲究"以右为上"，即主人宜请客人就座在自己的右侧面（图8-3-4）。若双方不止一人时，双方的其他人员可各自分别在主人或主宾的侧面按身份高低依次就座（图8-3-5）。双方一同在室内的右侧或左侧就座。此时讲究"以远为上"，即距门较远之座为上座，应当让给客人；距门较近之座为下座，应留给主人（图8-3-6、图8-3-7）。

3. 居中式

所谓居中式排位，实为并列式排位的一种特例。它是指当多人并排就座时，讲究"居中为上"，即应以居于中央的位置为上座，请客人就座；以两侧的位置为下座，而由主方人员就座，主客双方面对门、位于进门的右侧或左侧时均如此（图8-3-8、图8-3-9、图8-3-10）。

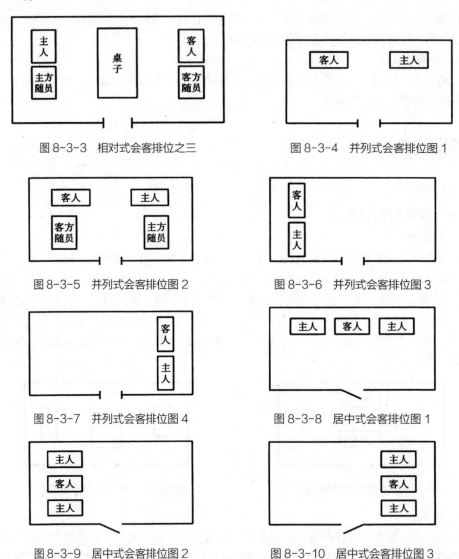

图 8-3-3　相对式会客排位之三　　　　　　　　图 8-3-4　并列式会客排位图 1

图 8-3-5　并列式会客排位图 2　　　　　　　　图 8-3-6　并列式会客排位图 3

图 8-3-7　并列式会客排位图 4　　　　　　　　图 8-3-8　居中式会客排位图 1

图 8-3-9　居中式会客排位图 2　　　　　　　　图 8-3-10　居中式会客排位图 3

在一般性的商务会客中，确定上座除了上面介绍的几种情况外，还可以遵循以下原则：接近人口处为下座，对面是上座；有椅子与沙发两种座位，沙发是上座；如果有一边是窗，能看见窗外景色为上座；西洋式的房间，有暖炉或装饰物在前的是上座。

二、会见的座次安排

我国的会见一般安排在会客厅、会客室或大中型办公室。商务会见的座次排列方法跟会客类似：主客双方的座位呈马蹄形或半圆形布局，主宾及客方陪同人员坐右侧，主人及主方陪同人员坐左侧，主宾及主人各坐上座，译员与记录员分别坐在主人与主宾的后面。

三、会谈的座次安排

会谈是由主客双方或多方就共同关心的问题交换意见和看法，寻求解决办法的一种沟通形式。一般座次要求严格，氛围严肃，礼仪性很强，具体座次排列可分为以下三种形式。

1. 相对式

相对式是指在室内主方和客方分别位于谈判桌两侧依序而坐的位次排列方式。相对式有以下两种形式。一是横排法，指谈判桌在室内面对门口横放，主客双方相对而坐。面对门的一方为上座，由客方就座；反之为下座，由主方就座。各侧人员的位次根据身份职位的高低采取居中为上，先右后左的顺序排列，若是涉外会谈，翻译人员应坐在双方主谈者的右侧（图 8-3-11）。二是竖排法，指谈判桌在室内面对门口竖放，则进门的右侧为客方，左侧为主方，其他人员的位次跟横排法相同（图 8-3-12）。

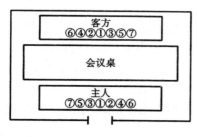

图 8-3-11　横桌式会谈排位

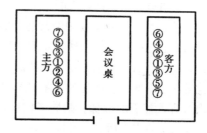

图 8-3-12　竖桌式会谈排位

2. 主席式

主席式主要用于三方或三方以上的多边会谈，具体排列方法是在会谈室内面向正门设置一个主席台，由各方代表轮流发言时使用，其他各方人士则一律背对正门，面向主席台就座。

3. 自由式

自由式主要适合于三方或三方以上的多边会谈，即各方人士在谈判时自由就座，不排列顺序，显示出各方平等的关系和友好的氛围。

四、会议座次礼仪

商务交往时的会议按规模划分，有大型会议和小型会议之分，座次排列有下面一些规则。

大型会议应考虑主席台、主持人和发言人的位次。主席台的位次排列要遵循三点要求：前排高于后排；中央高于两侧；右侧高于左侧（政务会议则为左侧高于右侧）。主持人之位，可在前排正中，也可居于前排最右侧。发言席一般可设于主席台正前方，或者其右方。

举行小型会议时，位次排列需要注意两点：讲究面门为上，面对房间正门的位置一般被视为上座；小型会议通常只考虑主席之位，同时也强调自由择座。例如，主席也可以不坐在右侧或者面门而坐，也可以坐在前排中央的位置，强调居中为上。

五、行进时的位次

商务秘书与客人并排行进和单行行进时，有不同的做法。并排行进的要求是中央高于两侧，右侧高于左侧；如果在过道内行走，则内侧（即靠墙的一侧或私密性较强的一侧）高于外侧。一般情况下，应该让客人走在中央或右侧。与客人单行行进，即成一条线行进时，标准的做法是前方高于后方，以前方为上，这样就能够把选择前进方向的权利交给客人。即如果客人熟悉路线，应该让客人在前面行进。如果在客人不认路的情况下，商务秘书要陪同引导客人行进。陪同引导的标准位置是在客人左前方 1~1.5m 处，一步之遥。别离太远，也别离太近，太近容易发生身体上的碰撞。原则上，应该让客人走在右侧，陪同人员走在左侧。如果引导的客人过多，秘书可以选择与第一行的客人处于同一排、身体微侧向中前部客人的方式来进行引导。当引导客人经过走廊或过道时，应将内侧留给客人，这样可以避免客人受到过多的干扰。在进入螺旋楼梯时，秘书应加快步伐走在外侧进行引领，这样也可以尽量保证客人的安全。

上下楼道是在商务交往中经常遇到的情况，简单地说，上下楼时应靠右侧单行行进，以前方为上。这样就可以把楼梯左侧作为快速通道或应急通道。具体而言，男女同行上下楼时，宜女士居后。当引导客人上楼梯的时候，应尽量让客人走前面；下楼梯的时候，应尽量让客人走后面，这都是为了保护客人的安全和给客人带来方便。

出入有人控制的电梯，陪同者应后进后出，让客人先进先出。出入无人控制的电梯时，陪同人员应先进后出，并控制好按钮。

引领来客到上司办公室门口时，我们理应站停在门外，敲门请示，通知上司来客已经到达，在得到上司明确的请进指示后我们才能开门，把来宾礼让进去。没有特殊原因，出入房门的标准做法是位高者先进或先出房门，但在秘书工作中一般应遵循"外开门客先入，内开门己先入"的原则。

六、乘车的位次

轿车里位次的尊卑是乘车礼仪中最重要的方面。在商务活动或交往中，驾驶司机一般是专职司机。这时如果是双排座轿车，轿车的上座指的是后排右座，也就是司机对角线位置，因为后排比前排安全，右侧比左侧上下车方便。其次是副驾驶座、后排左座、后排中座。其中副驾驶座一般称为随员座，通常由秘书、公关员、翻译、警卫等就座。如果接待的是重要人物或高级领导，则轿车的上座为司机后面的座位，因为该位置兼具隐秘性和安全性较高的优势。在社交活动中，如果是主人亲自开车，则上座是副驾驶座，通常由第一主宾就座，表示与主人平起平坐、患难与共。

七、宴会位次礼仪

正式宴会和比较讲究的一般宴会都需要安排好桌次和席位。其中桌次指不同餐桌位置的安排；席次指每张餐桌上具体的尊卑位次。

1. 桌次安排

按照国际上习惯，桌次高低以离主桌位置远近而定，桌次排列的基本要求是：居中为上、以右为上、以远为上（即离房间正门越远，地位越高）。桌数多时安排桌次牌。

由两桌组成的小型宴请桌次可以分为两桌横排和两桌竖排的形式。当两桌横排时，桌次是以右为尊，以左为卑。这里所说的右和左，是指进入房间，面对正门的位置来确定的。当两桌竖排时，桌次讲究以远为上，以近为下。这里所讲的远近，是以距离正门的远近而言（图 8-3-13）。

在安排多桌宴请的桌次时，除了要注意"面门定位""以右为尊""以远为上"等规则外，还应兼顾其他各桌距离主桌的远近。通常，距离主桌越近，桌次越高；距离主桌越远，桌次越低。在安排桌次时，所用餐桌的大小、形状要基本一致。除主桌可以略大外，其他餐桌都不要过大或过小。为了确保在宴请时赴宴者及时、准确地找到自己所在桌次，可以在请柬上注明对方所在的桌次，在宴会厅入口悬挂宴会桌次排列示意图，安排引位员引导来宾按桌就座，或者在每张餐桌上摆放桌次牌（图 8-3-14~图 8-3-17）。

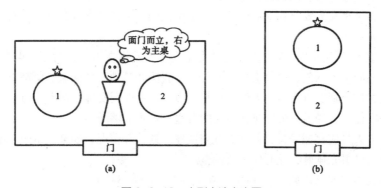

图 8-3-13 小型宴请桌次图

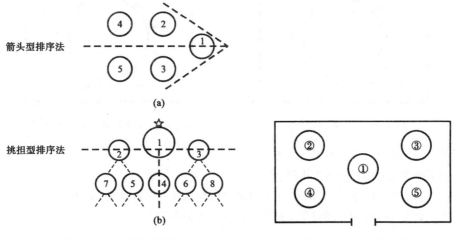

图 8-3-14 桌次排列法 　　　　　　图 8-3-15 桌次排列图 1

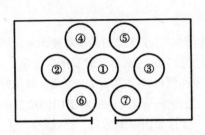

图 8-3-16 桌次排列图 2

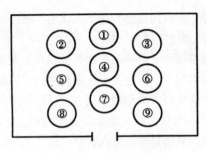

图 8-3-17 桌次排列图 3

2. 席次安排

正式宴会一般都事先安排好席位座次，并且要在入席前通知每一位出席者。在安排席位时应注意以下几点。

以主人为中心，面门居中者为上。一般坐在面对房间正门位置上的人是主人，称为主位。若有女主人出席，则以主人和女主人为中心，以靠主人位置远近来体现主次。

以右为上，即主人右侧的位置是主宾位。

把主宾和主宾夫人安排在显要位置。按国际惯例，主宾常安排在女主人右边，女主宾安排在男主人右边。

夫妇一般不相邻而坐。西方国家习惯上把女主人安排在男主人对面，男女穿插安排。女主人通常面向上菜的门，是宴会的中心位置。我国和其他一些国家一般都以男主人为中心，将主宾夫妇分别安排在男主人的右边和左边，女主人则安排在女主宾的左边。

在涉外交往中，译员一般安排在主宾的右边，以便于翻译。

主宾双方人员应穿插安排，并注意礼宾次序。遇特殊情况，如某人本该出席，因故未出席，而座次已事先排好，此时应灵活调整。

席次的具体排列形式见图 8-3-18、图 8-3-19、图 8-3-20。

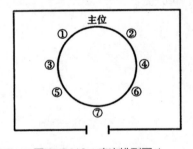

图 8-3-18 席次排列图 1

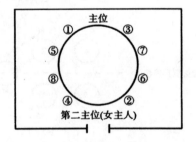

图 8-3-19 席次排列图 2

席次的具体排列方法有以下几种。

（1）单主人宴请时的席次排序

在本排法中，以主人为主心，主方其余座位和客方人员各自按"以右为尊"原则依次按"之"字形飞线排列，同时要做到主客相间（图 8-3-21）。

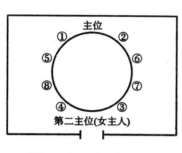

图 8-3-20 席次排列图 3

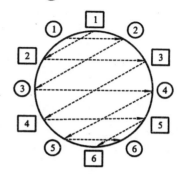

图 8-3-21 席次排列图 1

（2）男女主人共同宴请时的席次排序

这是男女主人共同宴请时的排序方法，是一种主副相对、以右为尊的排列。男主人坐上席，女主人位于男主人的对面。宾客通常随男女主人，按右高左低顺序依次对角飞线排列，同时要做到主客相间。国际惯例是男主宾安排在女主人右侧，女主宾安排在男主人右侧。这里的左右是以当事人的左手面和右手面为准（图 8-3-22）。

（3）同性别双主人宴请时的席次排序

这是第一、第二主人均为同性别人士在正式场合下宴请时用的方法，基本排法是主副相对、按"以右为尊"的原则依次按顺时针排列，同时要做到主客相间（图 8-3-23）。

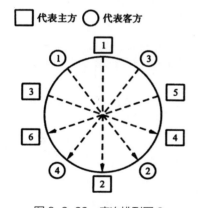

图 8-3-22 席次排列图 2

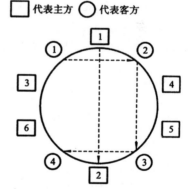

图 8-3-23 席次排列图 3

思考练习题

1. 什么是空间语言？空间的变化对人际交往有什么影响？

2. 举例说明什么是现代方位观。